차마, 깨칠 뻔하였다

김영민 지음

늘봄

이 도서의 국립중앙도서관 출판예정도서목록(CIP)은 서지정보유통지원시스템 홈페이지
(http://seoji.nl.go.kr)와 국가자료공동목록시스템(http://www.nl.go.kr/kolisnet)에서
이용하실 수 있습니다.(CIP제어번호: CIP2018033209)

차마, 깨칠 뻔하였다

지은이 / 김영민
펴낸이 / 조유현
편　집 / 이부섭
디자인 / 박민희
펴낸곳 / 늘봄

등록번호 / 제300-1996-106호 1996년 8월 8일
주소 / 서울시 종로구 동숭4길 9(동숭동 19-2)
전화 / 02)743-7784
팩스 / 02)743-7078

초판 발행 / 2018년 10월 30일
2 쇄 발행 / 2019년 10월 25일

ISBN 978-89-6555-073-0 03100

※ 값은 표지에 있습니다.

차마, 깨칠 뻔 하였다

김영민 지음

늘봄

서 문

천 권의 책을 쓸 수 있으되 쓰지 않기로 하였다. 모든 책은 쓰다 지쳐 마무리되고, 인생은 어리석은 생각 속에서 늙어 내려앉는다. 아, 오직 아득한 곳으로 걸어갈 수 없다면!

차 례

2장 / 소창다명小窓多明

3장 / **작은 철학**

4장 / **장도長途를 기약하며 고공高空을 나는 새들은**

12_차마, 깨칠 뻔하였다

1장

닷 푼의 영혼

차마, 깨칠 뻔하였다

내가 어느 날 어느 이국(異國)의 아득한 곳을 혼자 걷고 있었는데,
문득 담 하나를 격(隔)하고
千年
고양이 여섯이 종루 앞에서 졸고 있었으니,
그 마당을 여섯 번 돌면
차마, 깨칠 뻔하였다.

너도 백골白骨로 보인다

Je n'ai jamais vu un enfant sans penser qu'il deviendrait vieillard, ni un berceau sans songer à une tombe. La contemplation d'une femme nue me fait rêver à son squelette. - Gustave Flaubert

그가 노인이 될 것이라는 사실을 생각하지 않은 채 아이를 본 적이 없으며, 무덤을 상상하지 않은 채 요람을 본 적이 없다. 벌거벗은 여인은 그 백골을 떠올리게 만든다.

이토 진사이(伊藤仁齋, 1627~1705)는, "공부가 완숙해진 뒤에는 자기의 몸이 백골로 보일 뿐만 아니라 타인과 말을 할 때에도 백골과 대담하는 것처럼 생각되어 길을 걷는 사람도 모두 나무로 만든 사람처럼 생각되"었던 경험을 회고한 적이 있다. 플로베르(Gustave Flaubert)도 요람에서 무덤을 살피고 나신(裸身) 속에서 해골을 떠올린다. 나는 평범한 주변의 행인들이 죄다 짐승처럼 보인다는 어떤 사람을 알고 있다.

바람도 순하지 않다 — 내 탓이다

視乎冥冥, 聽乎無聲 - 《莊子》

어두운 곳에서 보고 소리 없는 곳에서 듣는다.

대문 틈에 코끝을 붙인 개가 매섭게 짖는다. 내 탓이다. 점박이 고양이가 등을 돌려 담을 타고 내뺀다. 내 탓이다. 강변 둔덕에서 몸을 말리던 물닭들이 황급히 물속으로 다이빙을 한다. 내 탓이다. 마른 억새 군락 속을 어른거리는 개떼들이 불안한 눈치를 살핀다. 내 탓이다. 3월 초의 강변은 바람도 순하지 않다. 내 탓이다.

엄현허성嚴賢虛聖

엄(嚴)을 통과하지 않고선 현(賢)에 이를 수 없고, 허(虛)를 통하지 않고서는 성(聖)을 바랄 수 없다. 그런 게 인간의 길이다. 그래서 학인의 얼굴은 엄허(嚴虛)의 야누스인 것이다.

마음의 너머 1

So to change is actually to think greater than how we feel…. Habit is when the body becomes mind. Anytime we make brain work differently we're making a new mind. Mind is what the brain does. Mind is brain in action - Joe Dispenia

그러므로 변화한다는 것은 실제 우리가 느끼는 것보다 더 크게 사유한다는 것이다…. 몸이 변하여 마음이 되었을 때 버릇은 생긴다. 우리의 뇌가 다르게 작동하도록 할 때마다 우리는 다른 마음을 만들고 있는 셈이다. 마음이란 곧 뇌가 하는 것이다. 마음은 활동 중에 있는 뇌다.

인간의 마음은 그 뇌의 활동에 의해 떠오른 것이다. 인간의 뇌는 그 몸의 활동에 의해서 내면화된 것이다. 인간의 몸은 타자와의 조응적 활동에 의해 진화한 것이다. 그 모든 타자는 원초적 활동의 흔적들이다. 하지만 묻지 않고 있는 가장 중요한 질문은, 마음의 활동에 의해서 무엇이 생성될 수 있을까, 하는 것이다.

마음의 너머 2

마음조차 물질을 밑절미로 삼아 생성되었다고 해서 대뜸 유물론을 광고하는 짓은 외눈박이 단견이다. 마음의 정세영활(精細靈活)에만 코를 박아 유심론 속에 허우적거리는 짓도 어리석어 보인다. ('도회소식을 알려면 외려 시골로 가라'지 않던가.) 이런 식의 이원론을 극복하는 한 가지 방식은 '뇌(腦)라는 물질'의 특이성에 눈뜨는 데 있다. 뇌과학 등의 성과에 의하면 인간의 뇌는 '복합성의 임계점'에 도달한 듯해 보인다. 단세포동물을 시작으로, 민활해진 몸(들)의 운동이 장구한 세월을 거쳐 중추신경계를 통해 내면화된 사실은, '충분히 정교하고 복잡하게 배열된 물질'인 뇌의 운동이 마음이라는 역동성으로 내면화된 사실과 이어져 있다. 문제는 그 다음이다. 즉, '충분히 정교하고 복잡하게 배열된 마음'의 미래.

불천노不遷怒 1

弟子孰為好學 孔子對曰 有顔回者好學 不遷怒, 不貳過, 不幸短命死矣 今也則亡 未聞好學者也 - 《論語》(也第六之二)

제자 중에 누가 배우기를 좋아하는지를 묻자 공자가 답했다. '안회라는 자가 있어 배우기를 좋아하였고, 화를 옮기지 않았으며 두 번 잘못을 반복하지 않았다. 그러나 불행히 요절하였으니, 그 후로는 배우기를 좋아하는 자를 듣지 못했다.'

'땅에서 풀면 하늘에서도 풀린다.'고 한다. 이 말의 용례와 사례가 고금동서에 더러 있다. 그러나 '불천노(不遷怒)'에서 합류하며 맺히는, 꽃잎처럼 소소한 일상보다 더한 게 없으니, 성인과 그 제자가 서로 알아본 깊이가 이처럼 도저하다.

불천노不遷怒 2

The transformation of the ghosts of 1968, a generation after the end of the war, will mean an end to the geopolitical vision that created their death in the first place — the Cold War. And it will mean the end of the illusion that made them ghosts; the illusion that 'society, its peace recovered, can triumph over death'. Liberation from grievance, for the victims of mass death in the Year of the Monkey, is a way of transcending the bipolar politics and the politics of symbolic conquest. - Heonik Kwon, 《After the Massacre》

1968년, 그러니까 전쟁이 끝난 이후 한 세대가 지난 유령들의 변환은 애초 그들

을 죽게 만든 지정학적 비전, 즉 냉전의 종말을 의미할 것이다. 또한 그것은 그들을 유령으로 만든 환영의 종말을 뜻한다. 평화가 회복된 이후의 사회는 죽음을 넘어설 것이라는 환영, 말이다. 원숭이해에 자행된 대량학살의 희생자들에게 원한으로부터의 해방이라는 것은 양극 정치와 상징적 정복의 정치를 넘어서는 길이다.

천명(天命)과 인사(人事), 혹은 천리(天理)와 인심(人心)을 엮어 보려는 게 인간의 상정이다. 사람들은 주술에서부터 고등종교에 이르기까지 이 상정의 교리문답을 통해, 문화의 힘으로써는 뒷갈망할 수 없는 존재론적 '허무'에 저항한다. 나는 본시 미미한 재능으로 이 문제에 관한 한 조급한 바람개비의 시늉을 낼 밖에 다른 도리가 없었는데, 두어 해 전부터 가만한 기별이 있어 이를 '천원(遷怨)'을 묶는 문제로 겨우 갈무리할 수 있었다.

또 다른 복음福音

감사받지 못하는 자는 복이 있나니 그 영혼이 깊어질 것이요

이해받지 못하는 자는 복이 있나니 그 말이 곡진해질 것이요

좋아하거나 미워하지 않는 마음은 복이 있나니 그 눈이 청신해질 것이요

상처 속에 슬픔을 옮기지 않는 정성은 복이 있나니 그 마음이 그윽해질 것이요

짧은 볕뉘 하나에 오롯이 기쁜 자는 복이 있나니 신불(神佛)이 그 조짐(前触れ)을 일러 줄 것이요

어둠 속에서 홀로 밝은 자는 복이 있나니 그가 죽는 날까지 거뜬히 고독하리라

운명을 말할 수 있는 자는 그 심부름부터 해야 한다

When I gave this man medication and cured him of his migraines, I also cured him of his mathematics, disrupting this strange weekly cycle of illness and misery followed by a transcendent sort of health and creativity.

- Oliver Sacks, 《On the Move》

내가 이 사람에게 약처방을 해서 그의 편두통을 고치면 나는 그가 지닌 수학적 재능까지 고쳐/없애 버리게 된다. 이로써 병과 비참함에 이어 건강과 창조성의 초월적 상태가 반복되던 이상한 주기적 사이클이 파괴되어 버린다.

남사고(南師古, 1509~1571)나 홍계관(洪繼寬)의 경우처럼 멀리 볼 수 있는 자는 코앞의 일을 놓친다. 데카르트처럼 자근자근 성찰(Meditationes)하려는 자는 잠이 많다. 미인은 계절의 뒷맛을 모르고, 세속의 이름을 얻으려는 자는 제 소견조차 몰라야 한다. 몸이 날랜 자는 마음을 방치하고, 마음을 과용하는 자는 제 몸의 소리조차 듣지 못한다. 은혜 입은 자의 속옷은 원망이고, 은혜를 베푼 자의 뒷말은 후회다. 운전자는 동승자가 자신의 손가락 끝에 앉아 있다는 사실을 알지 못하고, 사랑이 쓰다고 발효시키면 독(毒)이 되는 이치를 아는 애인은 이미 애인이 아니다. 먼저 알아낸 자는 제 몸으로 그 값을 치러야 하고, 운명을 말할 수 있는 자는 그 심부름부터 해야 한다.

알면서 모른 체하기 1

みだりな氣持ちで神話を聞いてはいけないという考えがあるのです. なぜなのでしょう? 神話は人間の精神の奥深いところで働いている無意識の論理過程が, 外からの影響力から自由になった狀態で, 自由に結合や反轉や變形をおこないながら, 自分を展開しようとしているものですから, そんなデリケ-トなものを不用意に世俗の意識にさらしてはならない, という考えがあったからだと思います. 神話はいわば ‘語られないように語られなければならない’ ものとして, 秘密めいた雰圍氣に取り囲まれていました. - 中沢新一, 《人類最古の哲學》

함부로 신화를 들어서는 안 된다는 사고방식이 있습니다. 왜 그럴까요? 신화는 인간정신의 깊은 곳에서 작동하고 있는 무의식의 논리과정이지만, 외부로부터의 영향력에서 자유로운 상태에서, 자유롭게 결합, 반전, 혹은 변형을 하면서 자신을 전개시키려고 하기 때문에, 그렇게 섬세한 것을 부주의하게 세속의 의식에 노출시켜서는 안 된다고 하는 사고방식이 있기 때문이라고 생각합니다. 신화는 말하자면 '말할 수 없는 듯이 말해지지 않으면 안 된다.'는 것으로서, 비밀스러운 분위기에 휩싸여있는 것입니다.

"I believe that these apparently supernatural forces are capable of physical decepton and understanding. but the whole thing is so new and yet so bedeviled by old superstitions, that we have to tread softly and come up on the subject unawares."
- Lyall Watson, 《Supernature: A Natural History of the Supernatural》

이 명백히 초자연적인 힘들은 물리적 기만이나 이해가 가능합니다. 하지만 이런 모든 일들은 너무나 새롭고 또한 옛 미신들에 의해 지펴있기 때문에, 우리들은 이 주제에 부드럽게, 그리고 '부지불식간에' 접근해야만 하는 것입니다.

"말해질 수 없는 듯이 말해지지 않으면 안 된다(語られないように

語られなければならない).”는 지적이 다름 아닌 신화(神話)를 논의하는 중에 나왔다는 점이 중요하다. 깊고 미묘하고 큰 앎이 인간의 입술을 통할 때에는 대체로 이와 같은 양식을 취할 수밖에 없다. 그래서 (이미 다른 곳에서 여러 차례 언질했듯이) ‘존재론적 겸허’를 요청하는 것이다. 신화는 물론 ‘앎’의 영역을 확장시킴으로써, 과학적, 인식론적 지식으로 왜소해진 대학세계에 신선한 외부성의 충격을 준다. 내가 굳이 ‘영혼’의 개념을 복권시키려는 이유도 앎[人知]에 대한 새로운 이해와 직접 관련된다. 인간의 개념을 중층적으로 총체화하지 못하면 인간의 앎도 필경은 얇은 경험주의와 고지식한 체계주의에 묶일 게 뻔하기 때문이다. 따라서 앎이 (귀)신과 미래에 접근하려면 인간 그 자체가 변해야만 한다.

내가 발안해서 시험해온 개념들 중 학생이나 독자들이 쉬 오해한 게 ‘알면서 모른 체하기’다. 우선 안다, 와 모른다, 라는 두 개의 항목을 동일한 지평에 얹어서는 안 된다. 이 둘을 한 꾸러미에 엮어 놓으면 필경 겸손의 심리학 정도에 머무르고 만다. 알면서 모른 체하기는 심리학이나 인식론의 자장을 초과하는 앎, 그리고 그 앎에 조응하는 주체를 탐색하는 실천이다. 예를 들어 노자류의 '지부지상(知不知上)'이 도달한 지경도 심리학이 아니지만, 내가 뜻하는 알면서 모른 체하기의 취지는 차라리 존재론적이다. 그러므로 오해의 가장 흔한 형태는 인식론이나 심지어 예론(禮論)에 머물러, 이 개념이 불러들이는 존재론의 자리를 망각하는 것이다.

"말해질 수 없는 듯이 말해지지 않으면 안 된다."는 신이치의 말은 현대의 신화론에 새 이정표를 달아준 레비 스트로스의 말 — "내 책은 내가 쓰는 게 아니라 나를 통해서 씌어 진다." — 과 그 궤를 나누고 있다. 물론 이러한 논리는 '알면서 모른 체하기'와 병행시켜온 개념인 '내 것이 아닌 자신감'과 맥을 같이 한다. 내 것이자 내 것이 아니라는 발화의 방식이 온전히 이해되고 충실히 실천될 경우, 인간의 존재와 앎은 서로에게 손을 내밀어 서로를 자라게 하고 서로를 견실하게 한다. 이러한 준(準)모순적 발화의 이치는 물론 인간 정신의 '온순한(神妙な)' 복합성을 드러낸다. 인간은 응당 중층적인 존재이며, 각 층(層)과 다른 층은 소통불가능하지는 않지만 서로에게 개방적이지 않다. 이 '비개방성'은 어떤 종류의 앎에 본질적인데, 자신의

앎을 스스로 보호하는 이 장치에서 그 존재론적 함의를 읽을 수 있다. 참으로, 인간과 그 정신은 기묘하게 진화해온 것이다.

'알면서 모른 체하기'의 이치가 신화적 앎에 접근하는 데에 유효하다는 것은 나로서는 지극히 당연해 보인다. 레비 스트로스의 작업이 넉넉히 시사하고 있는 것처럼 '원시적 사고(la pensée sauvage)'와 이어지는 감각적 논리의 회복은 인간 존재에 대한 새로운 이해와 직결되어 있기 때문이다. 그리고 앎에 대한 다른 전망을 얻는 일은, 그리고 그 같은 새로운 전망에 부합하는 주체적 존재를 회복하는 일은, 우선 19~20세기에 정착된 현대학문의 설계를 맹목적으로 준신(遵信)해온 습관적 태도를 조심스레 의심해보는 것에서부터 시작된다. 앎은 두텁고 인간의 정신은 허명(虛冥)하다.

이런 종류의 논의에서 가장 앞서 있는 인물 중의 한 사람으로는 왓슨(Lyall Watson (1939~2008)을 들어야 할 것이다. 고금동서를 통해 이 '알면서 모른 체하기'의 이치를 체득한 사람은 여럿이겠지만, 내가 아는 한 왓슨처럼 학(學)과 술(術)을 풍성하면서도 정교하게 결합시키려고 애쓴 학인은 찾아보기 어렵다.

이 이치와 관련되는 왓슨의 문장도 한때의 내 학생과 독자들의 경우처럼 일반 독자들은 잘 이해하지 못하리라고 짐작된다. "우리들은 이 주제에 접근할 때에 매우 조심스러워야 한다…그것도, 자신도 모르게, 접근해야 한다(we have to tread softly and come up on the subject unawares.)." 왓슨은 'unawares(부지중에)'라는 용어를 쓰고 있는데, 물론 이 말은 이 말이 숨긴 이치를 드러내는 데에는 그 함량이 부족하다. 이미 시사한 것처럼, '부지중(不知中)'이긴 해도 인간 존재의 정신적 가능성(총체성)의 자리를 고려할 경우는 그것은 이미 부지가 아니기 때문이다. 그러니까, 인간의 중층적 정신에 의해서만 가능해지는 이른바 '모순의 일치'를 제대로 표현해낼 수가 없기 때문이다.

'알면서 모른 체하기'는 물론 내 개인의 체험과 독서를 통해 생성된 개념이다. 흥미로운 점은, 그럼에도 이 기묘한 앎의 실마리가 늘 내 수중에 놓여 있지 않는 데에 있다. 물론, 그렇다고 해서 '내'가 이

앎의 실천 속에 개입하고 있지 않는 것도 아니다. (공부의 자리에서, '내가 이미 개입하고 있는 정도와 방식'을 알아채는 것만큼 중요한 과제는 없다.) 그러므로, 매우 중요한 의미에서, 언제나 '앎'의 문제는 곧 '주체'의 문제이기도 한 것이다. 쉽게 고쳐 말하자면, '알면서 모른 체하기'란 인간의 정신-주체가 내함하고 있는 특이성에 대한 겸허한 접근을 알린다. 왓슨은 '부드럽게(softly)', 그러나 '부지중에(unawares)' 접근하라고 권고한다. 사안의 깊이를 꿴 학인만이 할 수 있는 표현이 아닐 수 없다. 그러나, 나는 조금 다르게 말한다. '겸허허하게', 그리고 '알면서 모른 체'하며.

알면서 모른 체하기 2

At the beginning of March, 1945, a camp comrade told me that on February 2, 1945, he had had a remarkable dream. A voice which claimed to be prophetic said to him that he might ask any question, for it could tell him everything. And he asked the voice when the end of the war would come 'for him'. The answer was: March 30, 1945. The 30th of March drew near, but it did not seem at all as though the voice would be right. On March 29, my comrade became feverish and delirious. On March 30, he became unconscious. On March 31, he died; typhoid fever had carried him off. The 30th of March, the day on which he became unconscious, was literally for him the end of the war.

- Viktor E. Frankl, 《Psychotherapy and Existentialism》

1945년 3월 초에 수용소의 동료 한 사람이 내게 찾아와서, 지난달 2일에 놀라운 꿈을 꾸었다고 했다. 예언자를 자처하는 음성이 그에게 말하기를, 어떤 질문이든 답을 주겠노라고 했다는 것이다. 그래서 언제 '그에게(for him)' 이 전쟁이 끝나겠는지를 물었는데, 그 음성이 준 답은 3월 30일이었다. 그러나 3월 30일이 다가왔지만 그 음성의 예언이 실현될 것같이 보이지 않았다. 29일에 내 동료는 고열이 오르고 혼수상태에 빠졌다. 운명의 날인 30일, 그는 의식불명이 되었다. 그리고 그 다음 날인 31일 사망했다. 장티푸스가 그를 앗아가 버린 것이다. 그러나 3월 30일, 그가 의식을 잃어버린 날이 그에게는 실질적으로 전쟁이 끝난 날이었다.

아우슈비츠의 체험을 로고테라피(logotherapy) 속으로 수렴해낸 프랭클(Viktor E. Frankl)이 소개한 일화 중의 하나다. 이 역시 '예언은 실현되더라도 자신의 생각과 어긋난다.', 혹은 '자신의 생각을 어긋내면서 예언은 성취된다.'는 이치에 잘 들어맞는다. 이 원리에 따르면, 제아무리 신통방통하더라도 자신의 앞날을 '정확히' — 그 성취의 내용과 형식에서 어긋남이 없이 — 알아낼 수는 없다. 최고의 예지능력도 늘 절반의 진실만을 담고 있을 수밖에 없기 때문이다. '생각(의식)'하면 실재의 앎은 찾아오지 못한다. 비록 '인간이 생각하는 갈대(L'homme est un roseau pensant)'(파스칼)라고 해도, 그 생각은 쉼 없이 부박, 천박해져서 무서운 앎의 무게를 감당하지 못한다. 생각이 없다면 접근조차 할 수 없지만, 바로 그 생각 탓에 만날 수 없는 것이다. 그러므로 '알면서 모른 체' 하기인 것.

나를 생각하지 않게 되었을 때 생겨나는 가능성

それは, ユング自身のみた夢の話である. ユングは夢のなかで丘にある禮拜堂に入っていった. 祭壇の前には一人のヨガ行者が座っていて, 瞑想にふけっていた. その行者はユング自身の顔をもっていた. ユングはそのことで驚いて目を覺まし, それから考えた. “あの男はぼくのことを瞑想しているのだ. あの男は眠っていて夢をみているのだ. その夢の內容が, このぼく自身なのだ. あの男が目を覺ませば, その時ぼくは存在しなくなるのだ“と. - 高橋たか子, ‘大變な秘密’

그것은, 융 자신이 꾼 꿈 이야기다. 융은 꿈속에서 언덕에 있는 예배당에 들어갔

다. 제단 앞에는 한 사람의 요가 수행자가 앉아 있는데, 명상에 몰두하고 있었다. 그 수행자는 융 자신의 얼굴을 하고 있었다. 융은 놀라 잠을 깨고는 생각했다. '저 남자는 바로 내 자신을 명상하고 있다. 저 남자는 자신이 꾸고 있는 꿈을 보고 있는 것이다. 그 꿈의 내용은 바로 나 자신이다. 저 남자가 꿈을 깬다면 그때 나는 존재하지 않게 될 것이다.'라고.

"But the princess never saw the beautiful expression of her own eyes — the look they had when she was not thinking of herself." - Tolstoy, 《War and Peace》

하지만 공주는 그 자신의 눈이 지닌 그 아름다운 표정을 결코 보지 못했다. 자기 자신을 생각하고 있지 않을 때에만 주어지는 그 표정을.

한때는 내가 나를 생각할 때, 즉 성찰(省察)의 시간이 중요한 성취였다. 그러나 여태 감추어져 있는 것은, 내가, '이윽고', 나를 생각하지 않게 되었을 때 생겨나는 가능성이다.

응해서 말하기

'응해서 말하기'는 성인의 길(聖人之道)을 위한 가장 일반적이며 효율적인 방책이다. 이설(理說)은 이해하긴 쉬워도 몸에 내려앉히기가 어렵지만, 도(道)는 실천의 끝에서야 깨침이 생기니 외려 몸이 원수다. '응해서 말하기'의 비각이 '~닮았다'[assimilation]라는 시점이다. 혹자들이 닮음(모방)의 체계를 악(惡)이라고 여기는 이치가 여기에 있다. 악이 아니라도 적어도 그것은 어린이의 화법인 것이다. 그러므로 인격의 완성은 세상 속의 아무 것도 서로 닮지 않아 보이는 지경으로 나서는 일이다.

고마합니다

오래전 내 마음의 바닥에서 건져 올린 게 '존재에 대한 미안함'이랄만한 정서의 꼬투리인데, 언제 보아도 마치 물살에 끄들리는 심해어의 신세와 같다. 이른바 측은지심과도 겹치겠으나, 특히 (내) 존재의 불안정(ontological precariousness)과 연루한다는 점에서는 다르다. 일본어의 '아리가또우(有り難う)'는 자구로만 새기면 '존재하기가 어렵다'라는 뜻이 되기도 하는데, 이게 '고맙다'라는 뜻으로 안착한 게 또 흥미롭다. 그렇게 생각하면 고맙다와 미안하다는, 결국 다른 표정의 같은 얼굴일 듯하다. 한편 중국어에서 '미안하다'는 뜻으

로 쓰이는 '뚜이부쮸(对不住, duìbúzhù) 역시 '~의 앞에 거(존재)하기가 어렵다'는 뜻이라는 점도 이런 이치의 방증이 될 법하다. 그래서일까, 우리 말 고맙다의 고체(古體)는 '고마하다'인데, '공경하다'라는 의미로서 특히 인간 이상의 신적 존재에 대한 외경(畏敬)을 표시한다고 한다. 학자에 따라서는 어원인 '고마'가 (신)령을 가리킨다고 하니, 애초 인간정서의 밑천에서 미안하다와 고맙다가 갈라져 나온 사정의 일단을 짐작할만하다. 짐멜이 어느 글 속에서 감사의 잔여를 영혼과 연관시킨 적이 있지만, 좀 더 정확히 말하자면, 고맙다와 미안하다의 정서를 한 존재 속에 현현시키는 퇴행적 일체라고 할까.

신뢰

나는 시계가 나를 신뢰하고, 지진이 나를 신뢰하는 일을 겪었다. 이로써 나는 사람들을 신뢰하는 것이 세속에 속하는 일이 아니라는 사실을 오래전에 깨단하였다.

모든 망해가는 것들을 애도하는 방식은 한결같다

괜찮게 여기며 찾던 밥집이 또 폐업을 알리는 고지(告知)를 붙였다. 그래서인지, 저녁 시간인데도 아예 손님이 없고, 휑한 홀 속의 사물들은 이미 혼이 빠진 모습이다. 의도 보다 빠른 것은 늘 사물-성에 힘입는 것일까. 그러나 찬(饌)들은 전성기의 품세와 맵시를 잃지 않고 있었다. 음식을 배설하는 주인아주머니의 눈가에 주름이 낯설다. 그러나 모든 망해가는 것들을 애도하는 방식은 한결같다. '이미-세상-속에는-없는-것'이 아니라면 우리 모두는 진작에 망하였을 것이므로.

니수공泥-水-空, 혹은, 화장실에 다녀오다

화장실에 다녀오다가, 언젠가 읽은 글에 사무쳐 이런 생각에 이르렀으니 괴이하게 생각지 마시기를 바란다.

화장실에 다녀오는 사람에는 세 가지 종류가 있으니, 그 첫째는 '진흙에' 제 발을 찍어놓고 오는 사람이다. 99%가 이렇다고 봐야 할 것이다.

두 번째 종류는 '물에' 제 흔적을 남기고 오는 사람인데, 내 경험에 따르면 이것은 대략 0.99% 정도의 분포에 속할 듯하다.

마지막은 세속에서 보기 힘든 종류인데, '허공에' 제 자취를 남기고 돌아오는 사람이다. 겨우 0.01%를 넘지 않을 것으로, 옛 전승에는 이를 신선이니 천사라고 하지만 그저 현인(賢人/玄人)을 일컫는다.

2장

소창다명 小窓多明

자신의 말은…자신을 폭로한다

How can I tell what I think until I see what I say? - E. M. Forster

내 말을 내 스스로 듣기 전에 어떻게 내가 무엇을 말할지 알 수 있을까?

We speak, not only to tell others what we think, but to tell ourselves what we think. - J. H. Jackson

우리는 자신의 생각을 남에게 말하기 위해서 말할 뿐 아니라 우리가 무엇을 생각하는지 우리 자신에게 알리기 위해서 말한다.

자신의 말은 입술의 현장을 통해 난반사하며 자신을 폭로한다. 그래서 현자는 자신이라고 '생각'했던 것과 자신의 '말' 사이를 슬기롭게 살피며 한 걸음씩 간신히('勉强'地) 나아간다. 그는 비록 말의 운명을 간파한 사람이지만 '침묵 속의 깨우침(黙然而喩)'으로 자족할 뿐이니, 그 누구도 말을 앞설 수는 없기 때문이다.

생활에 관한 몇 개의 단상

1. 생활은 텍스트가 아니다. 생활 속에 고유한 품격은 그렇게 생긴다. 그렇게…말하자면, 스스로의 외부에 자기초월적, 혹은 자기소외적 생산성을 거부하는 품격, 말이다.

2. 생활에 현토(懸吐)하거나 평(評)을 붙이려는 욕심이 생기는 순간 그 생활은 오염된 것이고, 이로써 텍스트로 바뀐다. 생활의 고유한 충일(充溢)에 스며들지 못한 소외의 형식을 텍스트라고 부르고, 그 소외를 해석하는 재능을 일러 '허영'이라고 한다. 그가 비록 신필

(神筆)이라도 그것은 이미 '생활의 빛'을 잃어버린 허영인 것이다.

3. 이 논의에서 '낭독'은 특이한 위상을 차지한다. 얼핏 보기에 낭독은 생활에서 잠시 비껴 선 듯한 특별한 '활동'처럼 여겨진다. 그러나 이 인상은 표피적이다. 낭독의 위상은, 무엇보다도 낭독이 텍스트와 싸우는 행위라는 점에서 찾아져야 한다. 낭독은, 인간이라는 정신을 매체로 종이 위에서 납작하게 빼드러져 있는 활자(活字)들을 진정으로 내면화시켜 활자(活者)로 복원시킨다. 잘 헤아려 보시라. 당신이 진실로 낭독자가 될 수 있다면 당신은 이미 생활의 선봉이며, 이로써 글쓰기라는 허영의 자리를 떠날 수 있을 것이다.

4. 텍스트의 세계는 궁극적으로 천재들의 세계다. 재능을 혹사함으로써 적덕순도(積德循道)의 기연을 놓치게 만드는 세계, 재능의 산화(酸化)로 정신의 가능성을 묻어버리는 세계다. 그러나 '개종'에 이르지도 못하고 허영에 등을 돌리지도 못하는 천재들의 미모(美貌)를 좇아선 안 된다. 외려 생활이 간소하고 평이해지도록 잔인하게 이론들을 '버려야' 하며, 스스로의 개입을 깨단함으로써 적지 않은 이

론들을 '버려야' 한다.

5. 사드나 사르트르처럼 글쓰기로써 "쉴 새 없이 나 자신을 창조해 나갔다."는 이들이 있지만, 매력적인 거짓말이거나 허영에 들씌운 자의 중얼거림이다. 이런 선언을 하는 자들은 대개 교정 불가능한 재능의 소유자이거나 자기소외의 천재들이다. 우리는 마땅히 비관적으로 노력해야만 하며, 인간은 자기 자신을 선택하지 못한다. '대개 사람은 자신의 재능 탓에 몰락하곤 하지만(人者寡不死其所長)'(墨子), 글쓰기의 재능이야말로 제 정신의 부패를 극명하게 보이는 형식이기 때문이다. 글쓰기를 통한 (재)주체화는 필경 과매개성(過媒介性)에 따른 마비현상에서 멀리 벗어나지 못한다. 글(쓰기)은 워낙 '자아를 비우고 당신을 환대하는[虛室生白]' 실천이 못되는 것이다. 기껏, 글쓰기는 생활에 실패한 천재들의 연옥(煉獄)인 것이다.

장점 속에 망하리라

근자에는 특히 장점과 단점의 변증법을 자주 언급했다. '변증법'이라면, '미워하면서도 그 장점을 아시라(憎而知其好)'는 따위의 심리적 형평을 주문하는 데 그치지 않는다. 공시의 화(和)를 얻기도 어렵고 시중(時中)에 들어서기는 더 어렵지만, 인식의 결과 층이 바뀌면서 장단이 교차하는 지경을 상상하는 일은 지난지사다. 당연히 누구든 그 장단(長短)과 명암을 고루 살펴주는 게 인물평의 요령이지만, 인물평의 변증법이란 외려 역설을 체화하는 자리를 깨단하는 데까지 나아가야 한다. 요컨대, '사람은 오히려 제 장점으로 망한다.'

는 이치다. 일본과 독일이 그 이웃에게 전쟁과 학살의 횡액을 던질 수 있었던 것도 다른 나라와 비교할 수 없이 동뜬 기술적 집약성과 사회적 동원성 때문이었고, 오스카 와일드나 허균(許筠)이 옥살이 끝에 쉰을 못 채운 채 단명한 것도 그들의 빛나는 천재 때문이었다.

제대로 된 장점이 없으면 제대로 망하지도 못하는 법이니, 이광수나 최남선 정도의 재능이었기에 이들의 변절은 시대의 망조(亡兆)로 읽힌 것이며, 하이데거나 융(K. G. Jung)이었기에 그 정치적 성향을 세상은 오래 잊지 않는다. 옥(玉)에나 감히 티를 말할 수 있는 법, 그래서 군자의 티를 일식(日蝕)에 비기곤 하는 것이 아니겠는가. 허접한 범인들이라면 대단한 장점을 갖추었을 리도 없지만, 그 장점 속에 망해도 별 일은 아니며, 자빠져서 튀긴 구정물도 대단치 않다. 하(夏)나라의 말희(末喜)나 상(商)나라의 달기(妲己)가 주군을 혼미케 하여 경국(傾國)을 재촉한 일도 그들의 빼어난 아름다움 때문이었다. 글 잘하고 말 잘하는 것은 은사(恩賜)인가 망조인가? 교언영색이 장점인가, 눌언박색이 장점이던가? 신립(申砬)이 재능이 부족해서 탄금대의 패장이 되었던가, 촉의 마속(馬謖)은 기량과 언변이 부족해서 제갈량의 북벌을 좌초시켰던가?

제 단점과 더불어 뚱개고 뭉개는 이들의 경우는 따로 언질할 필요조차 없이 흔한 풍경이다. 제 욕심으로 붉어지고 제 깜냥 속에 졸아드는 정도의 인끔이라면 분석할 가치마저 없겠기 때문이다. 문제는 장점이므로, 분석조차 아쉽지 않을 도리가 없다. 왜 사람들은 자신의 단점을 증상처럼 사랑하고, 자신의 장점을 슬금하게 꽃피울 수 없는 것일까? 왜 마치 장미의 가시에 찔리듯 장점에 되먹혀 자신의 알량한 깜냥을 하릴없이 적시하게 되는 것일까? 소크라테스나 스피노자가 예시했지만 '재능'이 없는 질문자라도 누구든 괴테 식의 열정을 가지고 선하고 유익하게 이끌 수 있다. 그러나 힐렐(Hilel)의 전설이 일러주듯이 '태도'가 없는 구도자라면 염라왕이라도 구제할 도리가 없다. 그러므로 예부터 공부를 소박하게 일러 '잡초베기'라거나 '깜냥키우기'라고 하는 것에는 이런 이치가 스며있다. 인식의 겹과 관계의 층이 바뀌면서 장단이 교차하는 지경을 상상하기는커녕, 제 장점 속에 허우적거리면서 인간의 운명을 깜냥 없이 전시하는 이 기이한 정신적 존재는 무엇일까?

먼저 말하지 않는

訪吾庭者不顧深山幽谷

내 정원을 찾는 자 심산유곡을 돌아볼 필요가 없다.

이런 정토(淨土), 저런 도원(桃園)을 이야기하지만, 그 절반은 인간의 덕이요 탓이다. 그래서 묘처나 출세의 은처(隱處)가 아니라 나날이 걷고 응하는 상도(常道)의 곁에 아무 곁가림 없이 나타나는 게 실력이며 진실이다. 공자나 소크라테스나 예수 같은 옛 성인들은 '삼천배'를 요구하는 자리에 좌정해 있지 않았으며 또한 '부정적 자유'(냉소)의 천재들도 아니었다. 아이러니라는 개념으로써 그들의 운신을 읽어낼 수 있으리라고 믿어서도 안 된다. 대개 지식의 대두(大頭)들은 냉소와 아이러니에 급급해 하지만 현성(賢聖)은 그 구체적인 생활 속에서 사린(四隣)에 응하는 양식으로 자유로워간다. 그들은 모두 어떤 형식의 '응하기'로써 자신만의 장소를 만들어내는 것이다. 그들은 '먼저 말하지 않고 응하며', 남의 말들이 부끄러워지도록 가로채면서 먼저 행한다.

삶은 최상의 연극에서 완결되며

덤불이 있어야 도깨비가 난다. - 속담

신(神)은 동물들의 대상이 아니다. - 포이어바흐

이 지구상에 존재하는 누구도, 어느 것도, 그 존재 자체가 그것을 보는 사람을 전제로 하지 않는 것은 없다. 바꾸어 말하면, 존재하는 것은 모두, 형체가 있는 한 단독으로는 존재하지 않는다. 존재하는 모든 것은 누군가에게 보여지게 되어 있다. 지구상에는 인간이 아니라 인류(人類)가 살고 있는 것이다. 복수성(plurality)이야

말로 지상의 법칙이다. - 한나 아렌트

이데올로기적 주체성은 극화(adaptation au théâtre)에 다름 아니다. - 알튀세르

사람은 연극적이다. 그 뿌리는 사뭇 깊어, 귀신초자 사람을 흉내 낸다. 그러므로 그 누구도 '비연극적 진정성'에 이르지 못한다. 그런 진정성이 있다면 그것은 콘라드(J. Conrad)가 말한바 '치명적 심연'의 대가일 뿐이다. 내가 '최고의 삶은 연극적'이라고 했을 때, 물론 그 배경에는 이른바 '연극적 실천'이 도달할 수 있는 자리를 상상한 것이다. 언제나 그렇다. 삶은 최상의 연극에서 완결되며, 그 완결 또한 또 하나의 불이(不二)인 것이다.

깜냥인끔을 키우는 대중적인 방법, 10가지

1. 우선 약속에 견결했는지를 물어야 합니다. 약속은 변덕과 변명에 내몰리는 에고를 잡도리하는 가장 평이한 방식입니다. 철학자들이 안이하게 '죽음의 연습'을 들먹이지만, 약속이야말로 죽음의 연습임을 기억해야 합니다. '파약(破約)의 정치'를 실천할 노릇이 아니라면 약속에 견결해야 합니다.

2. 사린(四隣) 중의 대인대화 관계에서는, 늘 설명의 자리에 서서 최선을 다하되, 변명의 자리를 힘써 회피해야 합니다. 변명은 대화적

합리성을 훼손할 뿐 아니라 결국 영혼의 독(毒)입니다. 제아무리 화려한 변명도 돌아보면 지질하며, 제아무리 정교한 변명도 정신의 건물에는 누수(漏水)일 뿐입니다.

3. 사린(四隣) 중 주변 물건과 동물에 슬금하게 응대할 수 있어야 하겠습니다. 이미-늘 개입하고 있는 내 존재를 명찰(明察)할 수 있어야 남의 자리에 박진하는 동정적 혜안이 열립니다. '내 탓이다!'를 염불처럼 외는 게 아닙니다. 자기-개입의 형식과 그 정도를 정밀히 추적하는 훈련이 우선입니다.

4. 낭독의 버릇을 일상화시켜 정신을 단단하고 맑게 유지하도록 애쓰기 바랍니다. 낭독은 실효성이 높은 훈련이며, 마음이 들고나는 과정을 순화하거나 그 충일성을 높일 수 있습니다. 특히 '(대화적) 죽어주기'와 '불천노'의 밑거름이 될 수 있지요. 그러나 낭독의 재능은 더러 살도(殺途)로 빠지기도 한다는 사실에 유의해야 합니다.

5. 복종과 죽어주기, 그리고 오해-받기의 작은 실천들을 회피하지

말기 바랍니다. 논란이 잦아 상설하긴 어려운데, 주체화는 오직 어떤 형식의 '복종'(비움)으로만 가능합니다. 예를 들어, 평등과 자유 등으로 주체화하는 길은 아예 없습니다. 그러므로 진정한 주체화를 위해서도, 혹은 도량을 키우기 위해서도 '미치지 않는 곳에서 그치기(知止於不及)'의 실천이 절실합니다. 각자 정한 형식과 범위 속에서, 그리고 가능한 여건 속에서 조금씩, 꾸준하게 실험해보기 바랍니다. (이 대목은 흔히 오해가 짓궂은데, 그간의 내 강의나 글을 참고해서 오독이 없도록 하기 바랍니다.)

6. 질투와 허영과 냉소는 매우 구체적으로 접근해서 그 예봉을 꺾는 게 요령입니다.

7. 좋아하고 미워하는 마음을 다스려야 — '없애라'는 게 아닙니다 — 합니다. '좋아하고 미워하며' 살아가는 게 오히려 상정이므로 더욱 주의해야 하며, 애증의 교호를 타인의 시선에서, 길고 넓은 맥락에서 읽어야 합니다. 특히 에고가 가장 쉽게 접근하고 즐기는 먹이가 좋아하고 미워하는 마음이라는 사실에 터해서, 마음을 비워 새로운

소식에 접속하려는 학인은 마땅히 '애증의 너머'를 희망해야 합니다.

8. 내 자신의 개입 — 이미, 늘, 돌이킬 수 없이 행해지고 있는 그 개입 — 을 깨단할 수 있도록 '수동적 긴장'의 시중(時中)을 잃지 않아야 하겠습니다. 내 상처로 인해서야 남의 불행이 더 절실해지고, 내 취향에 붙박인 탓에 그(녀)가 닮아 보이며, 내 애증의 진창 속에서 담론의 조화(造花)가 기승을 부립니다. '내 탓이요!'라는 게 아니지만, 못난 인간은 그 모든 만남의 기회를 제 깜냥의 소굴로 만듭니다.

9. 다음은 불천노(不遷怒)입니다. 이는 누차 이어진 강의의 주제였으므로 재론하지 않습니다. 불천노(不遷怒)의 성취는, 실로 변질과 누수(漏水)를 그 본성으로 삼는 마음의 자리를 '정복'한 표징이라 여겨 부족하지 않습니다. 역시 여기 상설할 일이 아니지만, 천노-불천노(遷怒-不遷怒)의 과제는 삶과 죽음에 동시에 얹혀 있으니 극히 중요한 과제가 아닐 수 없습니다.

10. 마지막은, 사린(四隣)으로부터의 신뢰입니다. 물론 신뢰의 관

계는 '방법'이 아니라 성취이긴 하지만, 이는 그 과정(생활양식)과 성취[Nachträglichkeit]가 서로 면밀히 되먹히는 점에서 그 이름은 중요하지 않습니다. '도량-깜냥'의 완결은 신뢰를 통해서 구체화됩니다. 나는 여기에서 인생의 비밀을 봅니다. 시계가 나를 신뢰하고, 고라니가 나를 신뢰하고, 네가 나를 신뢰하고, 신(들)이 나를 신뢰하시는 중에, 한 인생은 아름답게 지나갑니다.

앎은 삶을 저당 잡아 스스로를 부린다

ほんとに知り尽くしている道に對しては, 必ず言葉を愼重にして, 相手がたずねないかぎり, こちらから喋らないほうがずっと優さっている.

- 吉田兼好, 《徒然草》

참으로 그 바닥을 훑어내듯 알아낸 길에 대해서라면, 반드시 말을 신중히 하고, 상대가 그 길에 대해 물어오지 않는 한 중뿔나게 나서서 말하지 않는 쪽이 낫다.

어떤 앎은 자신을 사람에게 맡길 때 그의 '변화'를 요구한다. 혹은 최소한 침묵의 약정(約定)을 그 몸에 새겨둔다고 할까. 이른바 말의 동티는 그렇게 생긴다. 앎은 삶을 저당 잡아 스스로를 부리므로, 인자(仁者)는 말을 아끼고 현자는 말을 숨긴다. 진정 좋은 말은, 앎과 삶의 비극적 합일에서만 드러나는 아쉬운 흔적이기 때문이다.

타자라는 깨침

모처럼 귀국한 여동생과 함께 어머니를 모시고 어머니의 고향마을 선산을 찾아 성묘했다. 묫자리를 안내하느라 따라 나온 동네 어르신 한 분이 내게 말을 붙인다. "한국사람인교? 우리말을 잘 하네… 얼굴은 영판 미국사람인데!" 40대 이후 여태껏 '미국사람'으로 착각(당)한 경우가 네 차례나 있었는데, 흥미롭게 챙겨둘만한 점은 그들이 모두 어린아이였거나 노인이었다는 사실이다. 젊은이나 내 동년배들이 아니라 왜 어린아이들과 노인들이 내 모습에서 '타자'를 읽어낼 수 있었을까? 물론 그 해답은 워낙 뻔하지만, 이것조차 글/말로써 배울 수 있는 게 아니다. 그러니, 개인이 누구인지를 낱낱이 짚어 내려면 전 인류의 관찰이 필요하련만, 거꾸로 한 사람 속에서 전 인류의 시선을 드러내는 게 '깨침'일 것이다.

비非, 비批, 비悲

부처가 중생을 돕는다면 이는 '좋아'해서가 아니라 그저 자비(悲)의 덕일 뿐이다. 자비나 사랑의 요체는 오히려 '좋아함(好)'의 정서와 예리하게 비껴서는 데 있다. 자비의 비(悲)는 대비(大悲)인데, 대비는 곧 대비(大非)에 터한다. 대비(非)는 이른바 '위대한 부정(the great refusal)'(마르쿠제)과 같은 정치사회적 아이러니와는 무관하다. 아이러니는 자아(ego)의 배치에 관한 한 결국 꼼수에 불과하지만, 대비(大非)-대비(大悲)의 내적, 존재론적 연관성은 무아(無我)에 따르는 소식, 즉 망아소소(忘我昭昭)의 지경에서 이루어지기 때문이다. 남을 돕는 행위가 '좋아(져)서' 행해진다면 그것은 말할 나위도 없이 사이비다.

인간적인 도움의 기본은 오직 덕(德)이라는 존재론적 힘에 의해서 밝아지는 '자리'의 형세일 뿐이다. 지혜와 덕은 대비(大非)에서 생기는데, 물론 대비의 대상은 세상이 아니라 세상 끝날까지 따라올 자신의 에고다. 자신의 존재에 이미/언제나 '개입'하(되)고 있는 비(非)를 온전히 비(批)하고 자숙(自肅)을 잃지 않는 게 곧 대비(大非)다. 이로써 자신에 대한 대비(大非)는 세상에 대한 대비(大悲)로 이어지는 것이다. 내가 말해온 사린(四隣)의 윤리란 이 대비(大非)와 대비(大悲)의 지평 속으로 환치이입된 생활의 양식을 말한다. 나처럼 어리석은 사람으로서는 천년을 살아도 이루기 어려운 이상이지만, 다만 이치가 그러하므로 하릴없이 여기에 밝혀둘 뿐이다.

비(悲)는 자신의 에고(心)를 무화(非)시키는 특이체험의 가운데 생성되는 행지(行知)이며, 진화와 창조를 통합시켜낼 수 있었던 기이한 존재인 인간 정신의 알짬을 엿볼 수 있는 기회다. 행지[日知り]

를 알아채는 성(聖)의 정서가 비(悲)였던 것은, 굳이 따져 말하자면 비(非)와 숙(肅)의 변증법적 교호관계가 생성시키는 덕에 기인한다. 비(非)가 나날의 비(批)로 드러나고, 그 일상이 곧 존재(四隣)에 대한 비(悲)로 전환하는 것은, 엄현-허성(嚴賢-虛聖)을 말한 이치에서 크게 벗어나지 않는다. 깨달음이란, 곧 큰-부정(大非)의 여러 양상을 가리키는 것이다. 이러한 대비를 통해서만 무(無)와의 접속이 가능해지고, 이 접속 속에서야 무는 존재를 새롭게 현성(現成)시키게 된다. 그리고, 이 새로운 현성 속에서 존재일반[四隣]을 만나는 방식이 곧 대비(大悲)다.

사람은 왜 바뀌지 않는가 — 자의식의 함정

1. 사람이 쉬 바뀌지 않는 것은 실은 이미 그(녀)가 지구상의 그 어떤 생물종보다 더 많은 변화를 겪어왔기 때문이다. 인간 존재에 자주 절망하는 우리 학인들은 구두선처럼 '변화'를 읊조리지만, 우선 인간이 언제나 '변화의 도상에 있는 존재(being-in-the-making)'였다는 사실을 기억해야 하며, 그 존재론적 변화의 내력 위에서 가능한 변화를 구상해야 한다. 초등학생이 진흙으로 빚어, 가까스로 물에 뜨게 만든 배는 완성된 이후에도 겉모양은 물론 그 구조까지 어렵지 않게 바꿀 수 있다. 이른바 가소성(可塑性)이 높은 유아의 뇌를 연상시킨

다. 그러나 첨단의 기술자들이 건조한 이지스함(Aegis Cruiser)이라면 이제 구조변동은 물 건너간 것이다. 정교함의 역설이다. 초월의식이나 영혼을 말해온 지 오래된 사람의 존재는 토선(土船)은 말할 것도 없거니와 이지스함 정도로도 비견할 수 없는 현묘한 '구조'를 지니게 되었으며, 말하자면 이 구조 속에 되잡힌 것이다.

2. 진정한 변화란 구조를 건드리는 일이다. (이른바 '몸이 좋은 사람'이라는 공동체적 장치는 이러한 변화를 향해서 몸을 '끄~을~고' 가려는 실천이다.) 사람의 경우에 이는 에고라는 조종사를 교체하는 노동에 해당한다. 에고의 구조적 난경은, 조종사가 조종석을 자기 자신과 동일시한다는 것으로 압축할 수 있다. 그(녀)의 존재는 이미 여건에 고착되어 있는 셈이다. 불행히도, 이미 연습기를 타고 훈련하는 생도의 자세(mindset)가 아니다. 그러므로 자기변화의 열망을 드러내는 사람이라면 이미 늦은 희망이며, 외려 변화를 향한 실존적 고민이 적은 아이들의 경우에만 그 희망이 있는 것이다. 물론 내가 공부의 '틀'을 외치는 이유가 여기에 있다. 따라서 사람이 쉬 바뀌지 않는 것은, 인류가 쉬 바뀌지 않는 것과는 따로 상설해야만 한다. 인류

는 모짝 인류학적으로 구조에 물려 있지만, 개인은 교육학적으로 희비의 기로(岐路)를 지니기 때문이다. 그리고 바로 이 기로에서 '생사를 건 도약(salto mortale)'이 이루어진다.

3. 양질의 단백질 섭취와 정교한 '상호작용(interactive re-entries)'을 굄돌 삼고, 언어성의 지평을 매개로 기동하게 된 인간의 자의식은 말할 것도 없이 진화사의 정화(精華)다. 후설(E. Husserl)의 말처럼 순수한 의식으로 자아를 채운 일은 진실로 놀라운 것("Das Wunder aller Wunder ist reines Ich und reines Bewußtsein.")이다. 그러나 그 모든 고귀한 것은 비용이 높고 또 그만큼 위태로운 구석을 지니고 있는 법이다. 밝은 쪽의 아래는 어두워지고, 고된 성취는 후유증을 예비한다. 자의식이라는 진화의 꽃에 들붙게 된 인간적인, 너무나 인간적인 비용은 바로 '불안(Angst)'이다. 불안의 정서에는 아무 특이함이 없다. "정신이 적을수록 불안도 적다(Je weniger Geist, desto weniger Angst.)."라는 키르케고르의 말처럼, 불안은 인간이라는 정신적 존재의 자연스러운 조건이자 그 한계인 것이다. 실존주의자들이 흔히 불안을 인간존재의 한계상황을 드러내는 지표로 삼는 이유

가 여기에 있다. 인간이라는 생물종이 자의식을 틔워냄으로써 최초로 '무한'/영원과 대면하게 되었으며, 이 대면은 불안이라는 '낙인'을 인간의 정신에 찍어놓았다. 심리적 억압(Verdrängung)의 보편성이 무의식의 저수지를 만드는 역사에서 그 출발점을 이룬 것처럼, 불안의 정서는 인간만의 고유한 세계를 만드는 밑절미가 되었다. 혹자들이 종교의 등장을 바로 여기에 위치시키는 이유도 그럴싸하다. 따라서 각종각양의 도그마나 이데올로기, 그리고 습속 등, '쉽게 진리를 말하려는 버릇'(니체)에 빠진 채 자의식의 불안을 다양한 집착으로써 미봉하려는 태도, 바로 이곳에서 사람이 바뀌지 않는다. 잘라 말하자면 자의식이라는 인간존재의 알짬이 외려 출구를 막아버린 것이다.

심검尋劍

나는 한때 강-물을 찾아다니곤, 아니, 그 물의 낌새를 염탐하곤 하였다. 물론 시(詩)를 위해서였다. 그러나 그것은 내가 내 '뜻'대로 찾아낼 수 있는 게 아니었으니, 차라리 '존재'(하이데거), 그(블랑쇼, 오이겐 헤리겔 등), 무의식의 자율성(융), 혹은 장어(무라카미 하루키)와 같은 표상의 일종으로서, 내 뜻의 끝에서 그 뜻이 사라지는 틈 — 이를테면 '당기되 쏘지 않았건만 이미 쏜(引而不發之發)' — 을 얻는 일과 같은 것이었다.

공주 마곡사(麻谷寺) 경내를 바장거리는데, 입구에서 검정개와 비단잉어를 구경하다가 곧 심검당(尋劍堂)에 닿았다. '칼을 찾는 집'이다. 찾는 칼이 무엇이며, 수행자가 하필 칼을 얻어 무엇에 쓰겠다는 것일까? 내경외의(內敬外義)라고 했지만, 외의는 요컨대 끊는다는 뜻인데 적절한 때에 끊어야 '일사려(一思慮)'의 흐트러짐이 없는 태세에 들어갈 수 있을 테다. 무릇 귀한 것은 얻기 어렵고, 그것을 얻고자 한다면 우선 다른 것을 끊지 않을 수 없으니, 수행자의 경의(敬意)란 곧 심검(尋劍)을 행하는 삶의 자세다. 그러나 비록 주일무적(主一無適)하려는 의욕의 수행자라도 그 칼은 의도의 선물이 아닌 법, 대체 그것을 어디에서 구한단 말인가?

당연히 그 칼은 밖에서 얻을 수 없다. 그것은 지혜를 남에게서 건네받을 수 없는 이치와 같다. 가장 훌륭한 스승에게 접근한 제자도 필경은 '뒷전'에서 배운다. '생각은 공부가 아니'라고 한 것처럼, 자기차이화의 변덕스러운 연쇄에 불과한 생각들이 '안'을 채우고 있다면, 그 안에는 아무런 희망도 없으며, 또 바로 그 이유 탓에 밖에서도 희망의 불씨를 지펴낼 수가 없는 것이다. 생각에 의해 '사회적 결속'을 이룬 안-퓲(나-남)에서 얻은 칼은 등만 있고 날이 없어 그 달콤하고 치명적인 이자관계를 벨 수가 없다. 칼은 내 것이 아니고… 그러므로 네 것도 아니다.

보상과 환상

증여와 이바지에 주력하는 관계일수록 외려 '보상체계(reward system)'의 작동을 유심히 살펴야 한다. '보상을 기대하지 않는 노동'의 영역에서 보상에 유의하라니! 요점은, 보상을 기대하지 않는 노동은 없다는 것이고, 실상 더 중요한 사실은 지상을 살아가는 그 누구도 감히(!) 보상을 기대하지 않는 노동을 욕심내지 말라는 윤리적 언명에 놓인다. 왜 그런가? 죄 중에서도 '깊은' 죄가 바로 그 같은 오만(hubris)에서 나오기 때문인데, 다시 요점은, 신(神)의 영역을 범하지 말라는 것이며, 우리 모두는 그저 한 순간 지상을 스쳐지나가면서 어울리며 어긋나는 인간이라는 것이다.

물론 '동무공동체'와 같은 증여의 관계에서는 보상체계가 부실하긴 하다. 이런 점에서, 동무는 구청직원이나 삼성전자의 사무원이나 한나라당의 당직자나 서울대학교의 대학원생에 비하면 매우 열악한 처지에 놓인다. 동무는 스스로를 '사회적 관계를 맺지 않는 희생양의 처지'(르네 지라르)로 예외화시킨 존재이므로, 현재 속의 그의 패배는 차라리 당연한 것이며 그의 가치는 미래 속에서 되돌아올 뿐이다. 공동체의 이념은 근사하고 그에 조응하는 열정은 드높으며, 때론 이를 추동하는 의욕은 숭고하기조차 하건만, 이들의 생활과 생계를 보상하는 제도와 장치는 없다. 동무들 — 아아, 동무들이 부사의 곁처럼 우리 곁에서 번득인다면! — 은 현실적으로 소외될 뿐 아니라 차마 보상욕(補償慾)을 제어하지 못한 채 만성적인 불안에 내몰리곤 한다. 나도 입이 있고, 그 끝에 똥구멍이 있으니, 먹고 싸야 하진 않겠나? 라고들, 병아리처럼 입을 모으면, 아아, (나는) 슬프다-슬프다, 그 누구에게나 뻔한 비밀은 당신의 몸과 생활이 아니던가?

보상의 결락을 메우는 소망의 장치가 환상이므로 이 둘이 대조적으로 배치되긴 한다. 이를테면, 보상은 물질적인 것이지만 환상은 상상적인 것이라는 식이다. 그러나 이 사이에 '자본의 체계'라는 우리 현실의 구조를 놓는 순간, 보상과 환상이 한 통속이라는 사실이 밝히 드러난다. 가령 이 사실은 교회와 사찰 속에서 융통되는 자본의 메커니즘을 살피면 그리 어렵지 않게 잡아낼 수 있다. (마치 욕망이 환상에 의해 조절되듯이) 보상도 환상에 의해 조절되며, 거꾸로 환상도 보상에 이미/늘 기입되어 있는 것이다.

눈, 마음을 본다

電車の中で, 前の席に座っていた婦人のを見た時, この眼はどこかで見た眼だぞ, と思った. その婦人は眼をこっちに向けってはいるが, 見てはいない. 視線が外に向かっているのだが, 外を見ていない. その視線は彼女自身の内を向けられている. 外を見る眼と内面を見る眼. 微妙なことのようだが誰にでもそれとわかるほど大きな違いなのだ. その婦人は自分の身体の中を見ている. 胎内を見ているのだ. 胎内にうごめく胎児を見まもる眼であった. - 舟越保武, 『モナリザの眼』

전차 속에서 앞에 앉은 부인을 본 순간, '이 눈은 대체 어디를 보고 있지?'라고 생

각했다. 그 부인의 시선은 이쪽을 향하고 있긴 했지만, 보고 있지는 않았다. 시선이 외부로 향해 있긴 해도 바깥을 보고 있지는 않은 것이다. 그 시선은 그녀의 내부로 향하고 있었다. 바깥을 보는 눈과 내면을 보는 눈. 미묘한 것이긴 해도 누구라도 그것을 알아챌 정도로 큰 차이였다. 그 부인은 자신의 신체의 내부를 보고 있었다. 태내를 보고 있었던 것이다. 태내에 꿈틀거리고 있는 태아를 지켜보고 있었던 것이다.

'눈은 마음의 창'이라는 표현은 동서고금에 널리 퍼져 있다. 안이하게 유통되는 속담이나 격언 중에서는 바로 그 탓에 속내를 잊어버린 경우가 잦은데, 이 멋진 표현도 예외가 아니다. 예측컨대, 이 표현의 실체를 찾을 수 있다면 필시 거기에서 '영혼론'의 가리사니를 얻게 될 것이다. 가령 '소창다명(小窓多明)'이라는 성어만큼 이 표현에 적절한 보어(補語)는 없어 보인다. 대청(大廳)을 휘두른 분합문보다 작은 손수건 크기의 광창(光窓)이 오히려 더 밝다는 사실로부터 눈의 비밀이 자라난다. 임부(姙婦)의 눈에 생기는 미묘한 겹도 그렇다. 자의식은 초월을 꿈꾸고, 우리의 육체는 눈을 통해 그 존재(Ex-i-stence)를 증명한다. 하지만 몸에 난 창(窓)으로서 다만 눈을 꼽는 것은 단견이다. 실은 우리 몸 전체가 창이라는 사실을 깨단한 다음에야 이 눈의 메타포에 실감이 생긴다. 몸에 눈이 많아지는 것, 나는 그것을 인문학의 한 고경(古境)이라고 여태 여긴다.

독신과 접촉

1. '접촉'과 독신을 호사가적으로 관련시키기 전에, 우선 이 두 개념이 관련되는 방식을 정해놓는 게 편할 게다. 독신의 정의(定義)도 별 실익이 없이 곁가지를 치곤 하지만, 이 경우의 독신이란 '접촉으로부터의 자발적 소외' 쯤으로도 정리할 수 있겠다. 물론 여기에서는 '자발적'이라는 말이 중요하다. 내가 오래전부터 '자발적 독신'이라는 용어를 사용해온 것도 이런 배경을 갖는다. '자발적'이라는 결기가 요구되는 이유는 한 문장으로 압축할 수 있다. "접촉이 접촉을 부른다." 대개 인간 사이의 접촉은 가랑비나 산들바람으로 그치지 않

는 법이다. 조절되지 못한 접촉은 늘 위험하며, 자주 파괴적으로 흐른다. 비가 좋아도 홍수는 곤란하고, 바람이 시원해도 태풍은 위험하기 때문이다. 벼를 만지고 당겨서 오히려 죽였다는 고사의 사례처럼, 접촉의 이점조차 몸의 한계를 살펴야 한다. 독신의 경우는 말할 나위도 없다.

2. 알뜰하고 세심한 접촉의 이점은 낱낱이 열거할 필요조차 없다. 그러나 정신분석이 잘 밝혀 놓았듯이, 인간 사이의 접촉은 관계와 경우를 막론하고 '리비도적'으로 흐르기 쉽다. 접촉의 '리비도 환원주의'는 특히 성적 쾌락이 자유롭게 사고 팔리는 사회에서 노골적이다. 접촉이 접촉을 부르는 여건 속에서 여러 형태의 독신자들은 휘둘린다. 한쪽에서는 접촉의 자유를 위한 널널한 독신도 있겠지만, 접촉을 금기시하는 까다로운 쪽도 있다. 나는 평생 한 차례 (극히 짧은 순간) 기절한 적이 있었는데, 그것은 19~20세쯤에 길을 걷다가 우연히 어느 여성과 가볍게 부딪쳤을 때였다. 당시의 나는 극단적인 종교 신비주의자였다. 물색모르는 독신에게 접촉은 황홀하고 더러 치명적이기도 하다. 물론 리비도 중심적 접촉을 넘어설 때라야 진정한

인간적 접촉의 지평이 열린다. 그러나 이러한 깨침이나 실천이 어려우므로, 차라리 중도(中途)의 문화를 협의해가는 게 낫다. 그것은 접촉으로부터 소외를 자초하는 독신의 경우도 예외가 아니다.

3. 내 개인의 경험에 비춰보면, 접촉은 '촉각'으로 한정되지 않는다. 그리고 이 사실은 접촉의 문제를 사유하는 데에 중요하다. 촉각의 접촉이 소외당하면 당할수록 몸은 자신의 전체로써 접촉을 향해 뻗어나간다. 이런 현상은 '보상(compensation)'의 메커니즘을 통해서도 어렵지 않게 설명된다. 예를 들어, 휑한 독신자의 거처에서 살다가, 수일간 이어지는 공부모임('독서여행') — 수십 명의 남녀학생들이 한곳에서 종일 강의와 토론을 지속한다 — 에 참석하고 올 때마다 나는 내 몸이 묘하게 바뀌었다는 기묘한 체험을 하곤 하였다. 20여 년 간 비슷한 경험이 반복되었고, 남나중에서 이 몸의 변화가 젊은 학생들, 특히 젊은 여학생들과의 '비접촉적 접촉'에 의한 효과라고 자인할 수밖에 없었다.

부사는 주어의 복심腹心이다

1. '부사(副詞)는 주어의 복심(腹心)'이라는 게 내 오랜 지론이다. 포이어바흐나 니시다 키타로(西田幾多郎)라면 '술어는 주어의 진실'일 것이다. 이런 식으로 사람의 진실은 '있어야 할 곳'에 있지 않고, 엉뚱한 자리에 숨어 있기도 한다. 가령 배[腹]에 진실[道]을 두려는 격언들 — '인능지도복취도비원(人能知道腹就道非遠)' 따위 — 도 비슷한 이치를 말한다. 그러나 숨어 있다고는 해도, 아주 멀리 둘 수는 없다는 점을 깨단하는 게 요령이다. '부(副)사'라고 해도 문장을 벗어나진 못하고, 배 역시 뇌(腦)에서 그리 멀리 놓인 게 아니기

때문이다.

2. 호감이라는 작란은 역시 가장 비근한 사례다. 나는 이미 호감/호의에 대해 꽤나 자잘한 분석들을 해놓았는데, 그 요점은 변덕에 있다. 하지만 단순히 '호감은 변덕스럽다'라는 게 아니다. 호감이라는 자기노출의 부끄러움을 감당하기 위한 내적 장치로서, 변덕은 처음부터 이미 그곳에 있었다는 것이다. 그런데 여기에서 중요하고 흥미로운 지점은, 호감의 주체는 그 변덕을 '부사'의 경우와 같이, 눈에 잘 띄지 않는 주변부에 심어둔다는 사실이다. 좋아하는 일은 늘 힘에 부치는 노동이라는 사실에 주목해야 한다. 그러므로 호감의 경우에 그 정서와 행위는 자주 일치하지 못하게 되고, 그 어긋난 부분이 주변의 어딘가에 숨어있게 되는 법이다. 이는 굳이 호감에만 해당되는 것은 아닌데, 대체로, 진실은 정면으로 응시하지 못하기 때문이다.

3. 오늘도 산책에 나선다. 언제나처럼 수많은 개들을 만난다. 염천의 땡볕 아래 바투 묶인 개 한 마리가 낮게 으르렁거리면서도 힘없이 꼬리를 친다. 나는 그 집의 이곳저곳을 일별하면서 개의 표정을 살핀

다. 공단 북편의 건천(乾川)을 지나자마자 죄다 밀짚모자 크기를 넘지 못할 개 세 마리가 제법 왁달박달거리며 짐짓 내게 행짜를 놓을 기세다. 셋 중 하나가 선봉장인 듯한데, 부모의 원수라도 만난 듯이 나를 향해 사뭇 저돌적이다. 두 놈은 차마 대문턱을 채 넘지도 못한 채 고약한 응원의 함성만 울려댄다. 앞선 녀석은 어느새 집심이 떨어진 듯 흠칫흠칫 동료들을 뒤돌아본다. 셋이 어울려서 물색없이 둥개고 있다. 그래도 행인을 향해 악착같이 시악을 부리는 꼴은 한결같다. 이들이 이렇게 된 이유를 찾아, 나는 그 철문 안쪽을 잠시 기웃거린다. 송계(松溪) 선생의 비각을 지나쳐서 포도농원 길에 들어서던 찰나, 자전거를 앞서 달리던 거구의 개 두 마리가 차마 나를 물어뜯을 기세다. 주인의 외마디 고성에 개들은 방향을 돌렸건만, 내 시선은 그 세 점의 생명이 떼를 이룬 모습을 놓치지 못한다. 마을회관 뒷켠을 돌아서면서, 또다시, 인간이라는 주어(主語)의 부사적 복심을 기어코 만나고야 만다. 작은 선풍기 사이즈의 이 개는 온통 쥐어뜯기기라도 한 듯 털도 없이 핏줄이 다 드러나 있고, 왼쪽 뒷다리는 문드러져 삭아가고 있다. 눈동자만큼은 기이하게도 요명(窈冥)하다. 준비해간 통조림을 까서 조심스레 접근한다. 쭈뼛대던 녀석은 내가 무릎을 꿇은 채 한참을 기다려주자 엉금거리면서 다가든다.

4. '유독한 부모/엄마(toxic parents/mother)'는 임상적으로 잘 정리된 용어다. 이데올로기화된 도덕의 무게에 짓눌려 임상심리학적 혈맥이 막힌 사회에서는 쉽게 먹히는 이치가 아니지만, 그 적용성의 주효(奏效)함은 꽤 알려져 있다. 앎의 사건적 지평은 마치 샛길을 알리는 조그마한 지표 같은 하나의 단어에 의해 유도되곤 하는데, (부모/모친의) '유독성'의 경우도 마찬가지다. 듣고서도 영영 이해되지 않는 말이 있지만, 이미 들었다는 사태 자체만으로 충분한 개념도 있다. 이런 개념은 일종의 '병마개(stopper)'와 같아서, 보이는 즉시 열(un-stopper) 수 있게 된다. 비트겐슈타인의 유명한 말처럼 철학의 목표가 "유리병 속의 파리에게 출구를 보여주는 일('Der Fliege den Ausweg aus dem Fliegenglas zu zeigen')"이라면, 이런 '병마개 개념'처럼 유용한 도구도 없을 법하다.

몰풍스럽거나 사특한 사람들이 적지 않은 중에, 하필 부모/모친 — 이라는 '관계' — 의 알맹이를 독성(toxicity)으로 특기하는 이유가 있을 테다. 물론, 우선은, 이 낱말 자체가 인식론적 표상력(Vorstellungskraft)을 넘어가는 도구, 아니 무기(武器)로 채택된다고 봐야 한다. 자신을 몸으로 낳은 여인을 향해 '분석적으로' 접근하려는 태도의 비용을 상상할 수 있어야만 하는 것이다. 혹은 이 글의 취지를 살려 고쳐 표현하자면, '주어를 범(犯)하는' 일격(一擊)의 성격을 곰곰이 따져야 한다. 그러나 이 '독성'의 긴절함은 오히려 '헤어질 수 없는 관계'의 이데올로기적 모순 속에서 극화한다. 무릇 '어머니'란, 헤어질 수 없는 관계로 인해 유발된 체증(滯症)의 정점이기 때문이다. 타인의 몸을 통해 존재함이라…정녕 무서운 일이 아닐 수 없다.

한때 자식을 온전히 양생(養生)시켰던 그 자궁의 존재는 이 체증에 대한 영원한 알리바이가 되어 가능한 모든 부사적 일탈을 막아낸다. '주어-동사' 체제의 가까이(ad), 그 체제를 향해서(ad), 그리고 그 체제와의 관련 속에서(ad) 가만히 웅크리고 있던 부사(ad-verb)들이 오직 동사만으로 기능하는 주어의 체제에 저항하는 일은 쉽지 않다. 그늘은 비록 청량하더라도 언제나 따가운 햇살에 의지할 수밖에 없듯이, 부사는 동사(verb)적 체계 없이 '부(副, ad)'만으로 자립하기가 어렵기 때문이다. 그래서일까, 어쩐지, '부사적 혁명'은 가능하지 않아 보인다. (그 주동자가 죽임을 당함으로써 이후를 기약하는 '부사적 종교'라면…어쩔까?) 그렇긴 해도, 이 작고 작은 부사들의 움직임이 주어와 동사의 체제를 향해 단번에 그 독성(毒性)을 지목할 수 있는 것이야말로 참으로 '부사적'이지 않을까.

5. 허균(許筠, 1569~1618)은 천재였다. 감히 '재주'만으로 치면 문호인 연암이나 석학인 퇴계에 결코 뒤처지지 않을 것이다. 천재에 얽힌 사람이 종종 그러하듯이 허균도 재승(才勝)한 기운 탓에 성마르고 어뜩비뜩하곤 했다. 1610년(광해군 2년)에 전라도 함열(咸悅)에 유배되었는데, 《광해군일기》는 그 사정의 일단을 이렇게 적고 있다. "죄인 허균을 함열현으로 귀양 보냈다. 허균은 재주를 겨룰만한 짝이 없었지만, 망령되고 경박했으며 행동을 단속하지 않았다." 응당 이런 비난의 발화자가 얽혀있는 체제옹호적 '존재구속성(Seinsgebundenheit des Denkens)'(만하임)을 버르집어야겠지만, 그는 '재주를 숨기고 시의(時宜)를 살피는' 데에 능변하지 못했다. 과

연 그는 다산처럼 '여유(與猶)'의 지혜에 연연하지 않았는데, 그 탓일까, 그의 재능은 시기를 당했고 그의 언행은 덫에 물렸다. 스스로 밝힌 것처럼 "(나는) 더럽고 잡스러운 사람들을 가리지 않고 사귄다."(편지)고도 했다. 《홍길동전》에서 그의 반체제성은 신분과 관습을 넘어 새로운 공동체를 꿈꾸게 하였지만, 그의 경솔함은 능지(陵遲)로 짧은 생을 마치게 했다.

대질심문에 응하고 허균을 고변해서 죽게 만든 기준격(奇俊格, 1594~1624)은 허균의 제자였다. 허균은, 재능은 적었지만 열성 있는 기준격을 제법 아꼈다고 한다. 인생이야 아무튼 어긋나게 마련이지만, 재능이 높고 경박한 스승과 재능이 적고 열정적인 제자의 관계 역시 '어긋나는 세속(世間ずれ)'의 한 전형이다. 물론 위태한 재능과 수상한 열정이 만날 때에 생기곤 하는 비극적 어긋남은 비단 여기에 국한되지는 않는다. 본심은 정면에서 잘 보이지 않고, 주어는 동사로써 다 말하지 않기 때문이다. 기준격은 매양 스승의 시재(詩才)를 흠모해서 좇아다녔다. 그러나 삶의 결정적인 순간에 그가 내뱉은 것은 스승의 시(詩)가 아니라, 스승이 열어준 관계의 틈으로 엿

볼 수 있었던 지난날의 사담(私談)이었다. 기준격이 허균을 고발하면서 제출한 글은 허균이 가르친 것이 아니라 그가 엿본 것이었다. "…이 이야기는 그(허균)의 성품이 경망한 까닭에 신(臣)이 그의 말을 직접 들은 것입니다."

6. '부사는 주어의 복심'이라는 말은 쉽게 말해 나이가 들어간다는 뜻이기도 하다. 나이가 들면서 세속에 젖어 인생의 도착(倒錯)된 주술(主述) 관계에 차츰 눈 떠간다는 이야기다. 혹은 얇은 에고의 서사가 놓였던 아담한 단층집이 어느새 미로가 되어 사방으로 번져간다는 말이기도 하다. 세상이 아직은 미로가 아니었을 때, 내게 있어 그 사랑에 의심이 없었던 최초의, 그리고 유일한 상대는 외할머니였다. 누구나 마치 지하수의 암반(巖盤)처럼, 저 깊고 아득한 데에서 누수 없이 물이 고여 있으리라는 환상의 자리를 찾는다. 많은 사람들에게는 신(神)이거나 어머니이겠고, 내 경우는 (순자라는 이름의 '식모'였거나 혹은) 외할머니였던 것이다.

내가 초등학생이었을 때, 외할머니는 부산 금정산 자락의 한 암자에 따로 계셨다. 독자인 외삼촌이 서면(西面)에서 당시로선 꽤나 즈런즈런하게 살았지만, '안경보살님'으로 불리던 할머니는 늘 혼잣살림을 하셨다. 할머니는 신상과 주변을 몹시 정갈하게 갈무리했는데, 어질더분했던 어머니의 장소를 벗어나 할머니의 장소로 갈 때마다 그 극명한 대조감이 좋았다. 나는 바닷가 출생이라 여태도 그곳을 향한 원초적 정서가 남아있지만, 훗날 내가 산길을 독애(篤愛)하게 된 데에는 할머니의 거처와 그 인근 숲의 기억이 주효했던 듯하다. 솔방울로 아궁이에 밥불을 때던 기억이나, 혼자서 화투장을 떼시던 기억이 아련하다.

외할머니에게 첫 손자였던 나는 그 작은 세계 속에서 유일한 총아(golden boy)였다. 그러나 당시의 나는 '할머니'라는 세월의 시선을 충분히 이해할 수 있는 나이가 아니었다. 그 시선이 진작에 품고 있던 내 기원과 상처의 기억이라거나 조손(祖孫)의 풍경이 감추고 있던 것들은 아직은 발화되지 않고 있었다. 하지만 시선의 회절(回折)이 드러난 첫고등에서 내 환상이 무너진 사건은 손쉽게 다가왔다. 내가 채 열 살이 되기도 전의 어느 날, 마침 내가 할머니의 거처에서 놀고 있을 때 외삼촌이 불쑥 찾아왔던 적이 있었다. 외삼촌을 대하던 할머니의 태도와 표정에서 단댓바람에 내 영지(領地)가 무너져 내리는 것을 알아챘다. 어느새 할머니의 시선은 묘하게 굴절되어 있었다. 외삼촌은 좁은 할머니의 방에서 낮잠을 청했고, 나는 방에 들어가지 말라는 권고(!)를 당했다. 어느 옛날 (무엇보다 '부사의 언어'인) 독일어를 처음 배울 무렵 늘 성가시고 허접하게만 여기곤 했던 노흐(noch)나 숀(schon)과 같은 부사적 존재로 떠밀려난 느낌은 그때가 처음이었다. 외삼촌이 외할머니의 외동아들이라는 사실을 나는 영영 알고 싶지 않았다.

7. 주어는 동사들을 달고 다닌다. 주어가 동사들의 노동에 의해 비로소 가능해진 착시의 환상일지라도, 매양 '벌거벗은 임금'으로 매도하는 것은 적절치 않다. 그래도 주어는 주어만으로 성립할 수 없다는 사실을 깨단해야 한다. '독립'의 꿈은 지당하지만, '(선험적) 개입의 책임'을 놓친 '자립'은 헛되고 어리석은 짓이다. '왕 노릇하기를 즐기지 못했던 정조(正祖)'처럼 주어도 동사들의 개입에 따른 자기한계의 체감을 잃지 말아야 한다. 이처럼, 가만히 죄의 뿌리에 손

을 대고 있는 그 짧은 순간만, 우리는 지혜로울 수 있을 뿐이다. 그 지혜로움에 힘입어, 주어는 동사로 내려가고, 다시 동사에서 부사로 내려간다. 주어의 관점이 반드시 헛것은 아니다. 그래도 부사에서부터 동사를 가로질러 주어를 향할 수밖에 없다. 그게, '개입'의 현실이기 때문이다.

도울 수만 있다면

あたし…役に立ちますか? - 三宅喜重, 《県庁おもてなし課》, 2013

내가 도움이 될까요?

타인을 도울 수 있는 이가 곧 달인(達人)이며 현자다. 좋아해요, 싫어해요…어긋남의 악다구니판에서, (14세, 안네 프랑크의 말처럼) "금세 지나가 버릴 감정(…noch das Gefühl, das alles könnte sofort passieren)"의 소용돌이 속에서 남을 슬기롭게 도울 수 있는 이가 곧 성인이다.

여자라는 장소

이른바 '장소(감)의 인문학'에서 중요한 과제는 사람이 장소가 되는 이치를 탐색하는 것이었다. 이 이치에 접근하는 길에서 만나는 흥미로운 지표가 '여자-어머니'라는 곳이다. 물론, 더러 설명하곤 했지만 여기에는 관심과 노동의 특이점이 있다. 아버지를 건물이나 집을 가리키는 '가(家)'라고 부르는 데 비해 어머니를 방이나 거처를 뜻하는 '실(室)'/'내(內)'로 표현하는 것을 떠올려보자. 측실(側室)이니 소실(小室), 와이찌아(外家, wàijiā), 혹은 나이쇼([內所] 등의 말도 이렇게 생겼을 것이다.

여자를 장소적으로 표상하는 방식으로는 방(房/室)과 더불어 '주머니'를 생각해 봄직하다. 자궁(womb)이라는 말은 '궁(宮)'으로 특칭하였지만 역시 주머니의 일종이며, 동물의 경우에는 노골적으로 '주머니류(有袋類, marsupial)'라고 부른다. 특히 일본어에서는 비록 속칭이긴 하지만 어머니를 아예 '주머니님(御袋)'이라고 부른다.

'여보'를 놓고도, 여기(此處)의 '여'에 '보다(視)'의 어간 '보-'가 합쳐진 것이라거나 혹은 그저 '보배와 같은(如寶)'이라는 둥, 그 어원에 관해서는 그럴듯한 정설이 없어 보인다. 일본어에 '마누라'에 해당할만한 낱말이 뇨~보~(にょうぼう)이며, 흥미롭게도 그 자구의 뜻은 '여자라는 방[女房]'이다. 뇨보는 'ㅕ' 음이 없는 일본어의 경우를 감안하면 '녀보'나 마찬가지이니, 그 상동관계를 추정할 만도 하다. 그런가 하면 여방(女房)이라는 낱말을 그 자의대로 옮겨놓은 듯한 독일어 낱말이 바로 '프라우엔짐머(Frauenzimmer)'인데, 물론 그 뜻은 여자(Frau)-방(Zimmer)이다. 과연, 여보와 뇨~보~와 프라우엔짐머를 잇고 있는 이치의 공통분모가 어떤 관심의 특이성에 터한 장소(감)일까?

자식사랑, 세계사랑

親の愛情ってのは子供のためだけにいきること，ただそれだけじゃないと思う．命をかけて仕事をする姿をみせることだってひとつの愛情を示す形だ. - 『マイガ-ル』, 2008

부모의 애정이라는 것은 아이를 위해서만 살아가는 것, 단지 그것만이 아니라고 생각한다. 생명을 걸고 일을 하는 자세를 보여주는 것이야말로 하나의 애정을 표시하는 형식이다.

자기이해가 세계이해라는 우회로를 통해 이루어질 수 있는 것처럼, 자식에 대한 사랑도 필경 '세계에 대한 사랑(amor mundi)'으로 되돌려져야 한다. 그것이야말로 가장 일반적인 회향(回向)의 형식일 것이다. 자신의 일(Beruf)로써 하늘과 땅 사이에서 부리는 그 성실과 열심을 자식에게 보일 수 있는 것, 바로 그것이 세상에 대한 사랑이자 자식에 대한 사랑일 것.

3장

작은 철학

그곳에서 '함께' 할 수 있는가

その人の負わされる責任が, その人の人格かもしれないんだ.

- 川端康成, 《女であること》

그 사람이 짊어진 책임이 그 사람의 인격인지도 몰라.

바보들도 누리지만 '함께' 누리지는 못한다. '함께' 한다는 것은 가까스로 중력을 거스를 때에만 알 수 있는 인연의 결이며 아득한 노동의 선물이다. 그곳 — '그곳'이 어느 곳이든 — 에서 '함께' 할 수 있다면, 바로 그곳에서 인격이 생겨난다.

인간의 앎

그래서, 평생의 긴 우회의 끝에 내가 인간의 앎에 대해 알게 된 게 바로 이것이다. 내가 아는 것은 내가 아는 것이 아니라는 것, 내가 무엇을 알고 있는지 내가 알 수 없다는 것, 나는 내가 모르는 것을 죄다 이미 알고 있다는 것, 그리고 내가 아는 것은 내가 모르는 것과 멀고도 깊이 일치한다는 것.

실내室內의 기원

晴天の眞晝にひとり出づける哉 - 小林一茶(1763~1827)

맑은 날 한낮에 혼자서 걸어가노라.

그림자를 숨기는 맑은 한낮(晴天の眞晝)에 몸이 적응하기 위해 '실내(室內)'라는 게 생겼다. 몸의 그림자 속에 정신의 역사를 말아 넣지 못한 게 광(狂)이기 때문이다. 광(狂)은 빛(光)의 문제다. 지식을 깎아내면서 기미를 좇듯이, '빛을 가리며 밝음을 얻는(和光而明)'다.

청소와 공부

양손을 모으고 그 자리에 신(神)이 오시게 하는 것. 그것을 일러 우리는 '청소'라고 부르고, 그저 묵묵히 정한 대로 하(가)는 길, 그것을 일러 우리는 '공부'라고 한다.

생각'나는' 일은 생각'하지' 않고 걷는 일

Le charme du Flâneur, c'est qu'il n'est jamais là où il se pense.

산책자의 매력은, 그가 결코 '자기생각'하고 있는 곳에 있지 않다는 데 있다.

생각'나는' 일은 생각'하지' 않고 걷는 일이다.

길게 걸어서 구원을 얻을 수 있다면

길게 걸어서 구원을 얻을 수 있다면 그 비밀은 무엇일까? 누구와 함께 걸었기 때문이었을까, '어디'를 향했다는 데에서 그 긍경(肯綮)을 찾을 수 있을까…혹은 다만 '어떻게' 걸었기 때문이었을까?

재주를 오래 숨긴다

우시암(愚柿庵) 외딸은 내게 찾아와 몇 년 공부한 적이 있는데, 재주가 남달랐다. 그중에서도 놀라운 것은 그 재주를 오래 숨길 수 있다는 점이었다.

산산이 달아났다

無で媒介されるためには懺悔が必要です. - 田辺元

무에 매개되기 위해서는 참회가 필요하다.

참회는 특정한 행위에 대한 입장을 피력하거나 태도를 정하는 데 그치지 않는다. 오늘 해질녘 강변을 산보하다가 몰려다니고 있는 개 다섯 마리를 보았다.

여태 애완견의 티가 남아 있었다. 나는 빵조각을 주려고 주머니에 손을 넣었는데, 그들은 내 움직임을 읽곤 유리그릇처럼 깨어져서 산산이 달아났다. 참회는, 존재의 비밀을 향해서 번개처럼 접근하는 것이다.

행지 行知

지행합일(知行合一)이 오해라는 사실은 나도 뒤늦게 깨쳤다. '지행합일'이라는 안이한 말의 경우, 관건은 '합일'이 아니라 외려 무엇보다도 지(知)와 행(行) 사이에 개입하는 '어긋남'이다. 차라리 더 흥미로운 분석의 대상은 합일이 붕괴하는 메커니즘이다. 그러므로 유일한 앎의 형식은 행지(行知)인 것이다. 해오(解悟)가 있은 이후에 이른바 보림(保任)을 통해 차츰 증오(證悟)로 나아간다고들 하지만, 성숙의 수행성(遂行性)은 이렇게 나눠지지 않는다. 운이 좋으면 앎이 행함에 수반되고, 운이 없으면 사후적으로 덜미를 잡을 뿐이다.

그리고 나처럼 어리석은 사람은 '어려움을 겪어도 지혜가 생기지 않는(困而不知)'다.

슴베와 도회韜晦

슴베는 보이지 않는다. 보이는 순간은 이미 망한 것이다. 제 밑조차 가릴 수 없는 여인의 시체처럼, 죽은 것이다. 사람의 실력이나 인품은 슴베와 같아, 단단해서 더욱 보이지 않는 곳으로 인해 비로소 보인다. 도회(韜晦)는 전대(纏帶) 속 같은 그믐의 어둠 속에 감춘다는 말이다. 재능을 감추는 것은 재능 그 자체의 구성(構成)일 뿐인데, 재능[才]은 스스로를 감추는 힘[德]에 의해서 일어서기 때문이다. 슴베는 부재의 존재이며 전대는 존재의 부재이지만, 회삭(晦朔)처럼 이웃하며 하나의 '솜씨'를 이룬다.

자유론

내 사유의 세계 속에는 '자유론' 같은 게 없다. 고래로 여러 학인이 자유'론(論)'을 썼고, 나도 더러 읽었건만 아무 재미가 없었으며 그 속에 내 몫이란 없었다. 우선 '여럿이 자유를 추구할 수 있다.'는 전제에서 나와 근본적으로 어긋났고, 자유의 주체를 사람으로 여긴다는 점에서도 내 입장과 달랐다. 다른 글에서도 언급했지만, "자유는 누리는 게 아니"며, 대체로 "자유의 환상은 곧 무(無)의 현실로 드러날 뿐"이기 때문이다. 내게 있어 자유는 단독자적 경험이며, 어떤 상달(上達) 속에 허용된 무심의 순간일 뿐이다. 그러므로 자유는 나태

할 리가 없고, 대중의 것일 리도 없다. 예부터 자유의 순간을 선물처럼 체험한 이들은 수없이 많지만, 이들은 자유'론' 따위를 써놓지 않았다. 오직 부자유한 대중의 앞잡이들이 그 알량한 재능을 믿고 자유론을 들먹였다. 아아, 자유論이라니!

자유는 일없이 찾아오지 않는다

갑자기 자유가 내게 덤벼들어 나를 가로질렀다. 자연은 뒤로 나자빠졌다. 하늘에는 아무것도 없었다. 선(善)도 악(惡)도 내게 명령할 자도 없었다.

- 사르트르, 《파리 떼》

자유는 일없이 내게 찾아오지 않는다. 현인(玄人)의 땀과 집중 속에 어려 있는 것이 아니라면 그것은 아직 아무것도 아니다. 자유가 더뻑 덤벼들지도 않지만, (동아시아인들의 경험과 역사 속에서는) 자연이 뒤로 나자빠지지도 않는다. 하늘에는 아무것도 없는 것이 아니라, 하늘은 땅의 역사처럼 그렇게 길고 지난한 우회로를 거쳐 그 누구의 눈치를 넘어 아득히 '생성'되어 가는 것이다. 마찬가지로 '선악의 저편'(니체)은 언제나 잠시잠깐일 뿐이다. 내가 나도 모르게 의탁하거나 개입하고 있는 곳에 '명령', 혹은 아버지의 이름(Nom-du-Père)이 인간이라는 현상 그 자체 속에 이미 번득일 것이므로, 운 좋은 천재들의 소견을 누가 쉽게 믿을 것인가?

자유, 혹은 현명한 복종과 자아의 죽음

Die wirkliche Freiheit besteht in der Vereinigung mit der Notwendigkeit. Die Aufgabe besteht darin, die richtige Notwendigkeit zu wählen.

- Friedrich. W. J. Schelling

실제적인 자유는 필연성과의 합일 속에 있다. 그러므로 과제는 정당한 필연성을 선택하는 일이다.

살아가면서 죽은 듯할 수 있어야 진정 살아 있는 것이다. 이는 자유를 복종에 일치시키는 이치와 다르지 않는다. 물론 그 이유는 우리가 사람이기 때문이며, 사람이라는 (무수한) 개입에 의해 존재하고 있기 때문이다. 이유는 이처럼 간단하다. 사람들은 한시도 죽으려 하지 않으면서 살려고 하고, 복종하지 않으려 하면서 자유를 구하며, 틀을 제대로 입어보지도 않으면서 제 꼴에 대해서 지절거린다. 부활은 살아 있는 중에 이루어져야 하며, 자유도 삶이라는 굴레 속에서 열려야 한다. 공부의 길이 곧 자유의 길이라면, 현명한 복종과 자아의 죽음 이외에 다른 길은 없다.

의견들이 빛나게 하는 대화

Es ist schwieriger, eine vorgefasste Meinung zu zertrümmern als ein Atom.

- Albert Einstein

선입견을 깨트리는 것은 원자를 깨트리는 것보다 더 어렵다.

Gegner glauben uns zu widerlegen, indem sie ihre Meinung wiederholen und auf die unsre nicht achten. - Johann Wolfgang von Goethe

반대자들은 우리들의 의견에는 주의하지 않고 자신들의 의견을 반복함으로써 우리를 논박할 수 있으리라고 믿는다.

Most people are other people. Their thoughts are someone else's opinions, their lives a mimicry, their passions a quotation. - Oscar Wilde

대부분의 사람들은 그저 다른 사람들일 뿐이다. 그들의 생각은 다른 사람들의 의견일 뿐이며, 그들의 삶은 흉내이고, 그들의 열정은 인용일 뿐이다.

연못 속의 붕어가 천천히 죽어가는 모습을 본 적이 있다. 그것은 주변을 오염시켰고, 오후의 빛나는 햇살조차 외려 그 부패를 키웠다. 하지만 갓 잡은 붕어를 손바닥에 눕히면 측선(側線)의 양쪽으로 눈부시게 되튀어 달아나는 그 하양이 차마 햇살조차 부끄럽게 만든다. 사람들의 의견은 종종 탁하고 심지어 아무것도 아니다. 그러나 그 의견들이 빛나게 하는 대화를, 세상을 만드는 게 곧 공부다.

고유명의 주박呪縛

あらゆる存在はその固有名について呪縛される. だから王朝時代 男女は 一夜をともにしたあとにはじめてその本名を明かした. 鬼神に向かったときに 本名をあかしてホイホイ返事をしてはならない. それが<鬼神は敬してこれを遠ざく>ということである.

- 內田樹, 《街場の現代史上》, 文春文庫, 2008, p85

모든 존재는 그 고유명에 의해서 묶인다. 그러므로 왕조시대의 남녀는 하룻밤을 함께 보낸 이후에야 본명을 밝혔다. 귀신을 대할 경우에도 본명을 손쉽게 밝히면서 대답을 해서는 안 된다. 바로 이것이 '귀신은 존경하지만 가까이하지 않는다.'

는 말이다.

고유명(이름)도 세상에 속하지 않는 것 중의 하나다. 세속의 영위에 소용되긴 해도 그 함의가 초월적이라는 점에서, 이를테면 상례(喪禮)와 닮았다. '귀신에 대해서 삼가고 멀리한다(鬼神は敬してこれを遠ざく).'는 종류의 말은 이름에 대해서도 공히 적용된다. 그러므로, 어쩌면 세속화의 완결은 고유명의 사용 속에 잘 드러날 것이다. 세상에 있으나 세상에 없는 게 있다. 그리고 사람이란 바로 그것을 알아채는 존재인 것이다.

아이러니, 변증법, 개입, 그리고 타자他者

'아이러니(irony)'를 대단한 전술이나 통기(通氣)인 듯 주워섬기는 지식인들과는 얼마간 거리를 두어야 한다. 내 판단에 인문과학적 감성 일반이 극이반(極而反)의 지경에 들어 발진(發疹) 같은 화려한 병증에 시달리기 시작한 일은 대개 1990년대 전후로 보이는데, '아이러니 담론'도 여기에 전염되었다고 보아도 좋다. 아이러니의 병증을 치유할 수 있는 영약(靈藥)은 없지만, 그 낡은 '변증법'이 의외로 주효하다. 그리고 또 한 가지는 공부와 구원을 마치 뫼비우스의 띠처럼 한데 엮어낼 수 있는 '개입'이라는 자기비평의 실천이다. 변증법이라는 객관과 개입이라는 주관은 결국 정신의 깊이에 따라 서로 융통하는데, 바로 이 융통의 자리에서야 '타자'가 드러난다.

너는 죄 없이 만질 수 있는가

터부(taboo)는 워낙 만짐(touching)의 문턱에서 성립한 금기였다. 가령 우리는 남의 아기를 '죄 없이'['터부-없이'] 만지는 경험을 통해 신성(神聖)이 놓였던 자리를 의사-체험한다. 마찬가지로 사람들은 제 연인의 몸을 죄 없이 만지는 데 실패함으로써 터부의 자리에서 초석(礎石)처럼 생성되었던 인간적인-너무나-인간적인 의례를 반복 재생하는 것이다. 아는 대로 신성의 이면은 이유 없는 '폭력'인데, 이 역설은 터부 속에 고스란히 숨겨져 있다. 그러므로 인류는 아직 '죄-없이' 타인의 몸을 만질 수 있는 지경에 이르지 못하고 있는 것이다.

4장

장도長途를 기약하며 고공高空을 나는 새들은

장도長途를 기약하며 고공高空을 나는 새들은

낙동강변에 산보를 나섰다. 봄이다. 꿩들의 움직임이 유난하고 매도 잦보인다. 내 어리석고 못난 점들을 쉼 없이 떠올리며 두 시간가량을 걸었다. 수십 혹은 수백 마리의 새들이 줄지어 남(南)으로 날고 있다. 한결같이 어떤 '모양'(ㅅ)의 대오를 이룬다. 참새나 비둘기 등은 '모양'이 없이 우르르 날아다닌다. 그러나 장도(長途)를 기약하며 고공(高空)을 나는 새들은 반드시 'ㅅ' 모양을 이루고, 앞장서 날아가는 선두를 둔다.

사람도 마찬가지일까. 우르르 쏠려 다니며 짧은 이익에 코를 박는 이들도 있고, 높이 올라 먼 길을 기약하며 타인을 신뢰하는 이들도 있다. 짧은 봄이니 짧은 인생이다.

사람이 없었을 것이다

낙동강변을 오래 걸으며 시(詩)를 읊었다. 봄바람이 수선스럽다. 새들의 비행술은 제각각인데, 서식처의 형세와 연동되었다는 사실을 쉽게 알아챌 수 있다. 꿩, 특히 '춘치자명(春雉自鳴)'으로 유명(?)한 봄꿩의 비행을 우습다고들 하지만, 그 역시 나름의 최선을 다하고 있을 게다. 버려진 개들이 떼를 이루어 몰려다니는 것은 자주 보았지만, 패거리들이 생겨 서로 다투는 모습은 처음이다. 그래도 매(鷹)의 정지 비행을 볼 수 있는 날은 행운이다. 모든 동중정(動中靜)은 놀라운 성취이지만, 자의식마저 함몰시킨 재능의 풍경은 늘 매혹

적이다. 낙조를 받은 강물이 붉게 뒤척인다. 한 조각 구름을 이고 있는 취인산(聚仁山)도 발그레해진다. 언젠가 여기에도 사람이 없었을 것이다.

남포동南浦洞의 어부

이곳 밀양에도 남포리(南浦里)라고도 부르는 '남포동(南浦洞)'이 있다. 지역 사람들은 밀양강을 두고 남천(南川)이라는데, 그러니까, 그 남천의 아래쪽, 밀양역에서 삼랑진 쪽으로 이어가며 이윽고 낙동강으로 합류하게 되는 물줄기의 초입이 바로 그곳이다.

폭염이 기승을 부리던 지난여름, 나는 '부산대학교 밀양캠퍼스'의 도서관을 오다녔는데, 남포동은 그 이정(里程)의 딱 중간쯤에 놓인 동네다. 그 동네의 어귀에는 내가 '헤어지기 어려운 다리'라고 부르곤 하던 돌다리가 길게 놓여 있고, 특별히 황혼 무렵이 절경으로 내가 숱하게 산책에 나서곤 하는 곳이다. 그 어부 영감은 비가 와서 물이 불어난 때에는 어김없이 다리 위에서 투망(投網)을 하였는데, 작고 단단한 몸으로 펼쳐내는 그 투망의 품세가 일품이었다. 타고 온 듯한 낡은 오토바이에 묶어둔 어망(魚網)에는 으레 팔뚝만한 물고기들이 파득거리고 있었고, 잉어와 누치는 물론이거니와 '준치' — '썩어도 준치라던 그것!' — 마저 담겨 있곤 하였다.

투망하는 모습에 이끌린 나는 노인에게 접근해서 자연스레 말을 붙이게 되었다. 노인은 더위에 떠밀려 마실 나온 동네 아낙들과 더불어 희영수를 벌이고 있던 참이었다. 그는 내 행색을 재빨리 훑곤 가벼운 눈인사만을 던질 뿐이었고, 양손으론 재바르게 그물을 손질하는 중에도 그 아낙들에게 온통 마음을 빼앗기고 있었다. 노인은 음담패설을 섞어가면서 갖은 농지거리를 배설하였지만 그 메시지의 요지는, '내하고 나가주면 일 년 내내 물고기 걱정은 없다.'는 것이었다.

'일 년 내내 물고기'라는 미끼가 그닥 시원치 못한 듯, 아낙네들은 노인의 희영수에는 일언반구도 없이 연신 덧없는 부채질만 해가며 뭐라고 속삭이다간 간간이 웃음보를 터뜨리곤 하였다. 정(情) 한 톨 풀어 놓지 않고 되돌아 마을로 올라가는 아낙네들의 뒤꽁무니를 향해 무엇이라고 악지를 부렸다.

노인은 연신 혼잣말로 무엇인가를 지껄이면서 투망을 하고, 그물을 떠들어내고, 어망 속에 물고기를 챙겨 넣곤 하였다. 이번에는 팔뚝만한 크기의 숭어 두 마리가 잡혀 올라왔다. 물고기를 살피려고 바투 다가서는 순간 진한 술 냄새가 코끝을 스쳤다. 일견 건달 같았던 그에게서 얼핏 광대 같은 인상이 잡힌다. 두어 발짝을 움직여 위치를 바꾸더니 두 어깨 사이로 다시 투망을 날렸다. 난간 없는 다리 아래로 떨어지는 투망은 완벽한 원(圓)을 그리면서 착수(着水)했다. 입수, 침수(沈水)하는 잠시, 노인의 눈이 어느 먼 하늘 구석을 바라보는가 싶더니 노숙한 손놀림으로 다시 그물을 재게 당겨 올렸다. 그물 아래쪽의 납추가 수면 위로 뜨는 순간, 하아얀 물고기 몇이 그물 사이로 흘러내리는 게 보였다. 노인의 입에서는 짧은 욕설이 흘러나왔다.

노인은 그제서야 내 존재감에 이끌린 듯 슬금슬금 말을 붙여오기 시작했다. 그러나 습관으로 굳어버린 혼잣말 투였고, 여전히 그의 관심은 '여자'에 머물러 있었다. 아니, '여자와 물고기의 사이'라고 해야 할까? 방금 '다 잡은 것을 그물 사이로 흘린(durch die Lappen gehen)' 뒤끝인지라, 그의 주제는 이내 흘린 물고기에서 '여자 후리기'로 옮아갔다. 노인의 말을 간추리자면 그 취의는 매우 간단명료한데, 여자는 물고기와 같은 존재이고, 따라서 여간 조심해서 다루지 않으면 일껏 다 잡았다 싶었던 것을 놓치기 일쑤라는 것이다. 그는 어스름 속이라 깜빡하였는지 내내 나를 '젊은 친구'라고 불렀는데, 화제가 '여자(물고기)후리기'인데다 그의 말투마저 다소 속악한 편이었지만, 그는 제법 인생사의 진의(眞意)를 누설하는 듯이 사뭇 훈계조였다.

지네에 관한 명상

지네 소리는 요란하다. 고요한 밤, 졸연히 나와 맞닥뜨린 지네는 혼(魂)쫄나게 내빼는데, 수없이 많은 다리들이 굽이치듯 흔들리며 사력을 다해 달아나노라면, 비록 장판지의 성분에 따라 달라지긴 하겠지만, 그 소리(あしおと)는 짜장 전차(電車)의 기동을 방불한다. 내 몸을 스치면서 서로를 놀래키고 어느 구석으로 요란스레 굴러들어가는 지네를 우두커니 바라보노라면, 아, '지네에 관한 명상'은 늘 한 발, 혹은 수십 발 늦게 시작되는 것이다.

사전에 의하면, 지네의 체장은 0.5~30cm 정도이며, '백족(百足)'이라고 하듯 다리는 최소 15쌍에서 가장 많은 것은 170쌍에 이르고, 전 세계에 약 3,000종이 알려져 있으며, 사람을 물어 피해를 주기도 하지만 독이 약해 목숨을 잃는 경우는 없다고 한다. 내가 지난 1년간 '외이당'에 살면서 방에서 마주친 지네는 대략 8마리쯤 되는데, 모짝 젓가락으로 집어 마당으로 방생하였으니, 어쩌면 같은 놈을 두 번 이상씩 셈했을 수도 있겠다. 이런 의심의 자락에는 내가 마주친 지네들이 한결같이 15cm가량으로 보였다는 점도 감안되었는데, 물론 경동(驚動)의 순간에 눈대중한 것이라 정확하지 않을 수도 있겠다.

네 마리는 지척에서 발견 · 포획 · 방생되었고, 나머지 네 마리는 내 몸을 스쳤는데, 그중의 한 마리가 내 발을 물었다. 지네에게 물린 것도 귀빠지고 처음이었으니 다 '외이당'의 은택(恩澤)이다. 지난여름의 어느 날 밤, 반바지 차림새로 앉은뱅이책상에서 글을 쓰고 있다가 내 바지를 '바지로이' 타고 올라 노출된 내 허벅지 위로 바야흐로 내려서는 지네를 발견하였다. 한 번은 급히 외출할 일이 생겨 불과 얼마 전에 벗어 걸어둔 반소매 상의를 몸에 걸치려는데, 그 옷 속에서 튕겨 나온 지네가 내 몸을 타고 굴러 떨어졌다. 세 번째는 자다가 벌어진 일이었다. 비몽사몽간에 내 사타구니 쪽에서 무슨 소식(?)이 느껴져 엉겁결에 일어나 창졸간에 속옷을 벗었더니, 자리에 떨어진 '지네-각시' 한 마리가 아무 일(?)도 없었다는 듯 유유히 방안을 가로지르고 있었던 것이다. 마지막은 불과 며칠 전의 일 — 이번에는 벗어놓은 바지를 입었는데 이미 내 허벅지 아래쪽으로 지네의 감촉이 선명했다. 내가 화급히 옷을 벗으려는 순간 지네는 내 다리를 타고 흘러내렸고, 경겁(驚怯)한 두 몸뚱이가 갈라지는 찰나 그 몸이 내 몸을 물었다.

'명상'이라는 제목은 지네-사건 그 자체가 아니라 이 글(쓰기)라는 메타화의 운명에 달려 있었다. 실은, 내가 '지네에 관한 명상'이라는 글을 구상해서 막 쓰려고 했던 게 공교롭게도 지네에 물리기 바로 전날이었고, 그 내용은, '일곱 차례나 지네와 맞닥뜨리면서도 한 번도 물리지 않았으니…'라는 양보절(concesssive clause) 속의 여유를 더듬어 내려고 했던 것이다. 그러나 그 글이 채 시작되기도 전에, 내 몸은 그 메타화의 의도와 함께 지네에 물렸고, 더불어 나는 그 여유를 잃게 되었으며, 필경 몸과 말 사이에서 지네는 내가 알 수 없는 타자가 되어 귀신같이 틈입하였다.

이 생명의 자리

벌써 지난해 가을, 어느 날의 일이다. 아시겠지만, 산보의 한 경계는 '생명의 자리'를 새롭게 느끼는 데 있다. 정지비행을 하는 매를 볼 때는 아득아득 내 몸도 흔들리고, 바퀴에 짓눌려 으깨진 청사(青蛇)를 보면 그냥 가진 못한다. 하지만, 이 잠자리는 어떤가?

그날은 벼가 익었고, 은행잎들이 더 익어가던 때였다. 천변과 나란히 이어진 논두렁길을 자분자분 걸었다. 해거름의 그림자들은 길고 짙었다. 잠시 거미줄이 일렁거리는가 싶더니, 잠자리 두 마리가 엉켜

붙은 게 눈에 잡혔다. 바투 다가서서 살폈다. 날개가 있었지만 매처럼 늠름할 수 없었고, 거미줄의 차원에 내려앉았으나 아직 뱀의 신세는 아니었다. 잠자리 둘이 낮게 버둥거리는 사이, 작은 밤톨 크기의 거미 한 마리가 다가들고 있었다. 고귀하게 날고 있는 매도 아니고 납작하게 죽은 뱀도 아닌, 이 생명의 자리는 어딘가?

나는 그중의 한 마리를 거미줄에서 억지로 풀어 매처럼 하늘로 날렸다. 나머지 한 마리는 거미의 몫으로 납작하게 두었다. 지금도 지난가을 내 수중에 잠시 얹혔던 그 생명의 자리를 떠올려본다. 그 생명의 자리는 어디였을까?

소나무 솟고 물고기 뛰어

매화와 봄까치꽃, 그리고 나물 캐는 아주머니를 보았다. "소나무 솟아오르고 물고기 뛰어 봄이 아쉬운(松そびえ魚をどりで春を惜しむ)"(小林一茶) 날들이, "성 안 가득 복사꽃 오얏꽃이 봄볕에 아첨하는(滿城桃李媚春暉)"(權韠) 날들이 다시 온다.

단 다섯 시간을 어울리면서 현명하고 행복할 수 있을까?

그것이 이날이 감춘 화두였고, 비의(秘義)였다. 뱃전에 자리를 풀고, 도시락을 나누었다. 봄바람이 선들거리고 서녘은 바야흐로 붉게 물들어가고 있었다. 인기척에 물고기들이 튀어 올랐고, 왜가리 한 마리는 물 밖으로 솟아오른 그루터기에 앉아 선정(禪定)에 들었다. 누군가는 우스개를 흘렸고, 또 누군가는 낮게 노래를 흥얼거렸다. 나는 쉼 호흡을 하고 물수제비를 날렸다. 동남풍이 불었다. 어제 일은 이미 감감하고 내일 일은 흐렸다.

경도일물京都逸物 1

原始神道というのは，清めることしか興味がないんです．清めて神さまを祀る - 司馬療太郎 外，《日韓 理解への道》, 中央公論社, 1987, p75

원시신도라고 하는 것은 주변을 깨끗이 하는 것 이외에 다른 관심이 없습니다. 깨끗이 하고서 신을 맞이하는 것.

미(美)가 종교를 대신하는 마을을 본 적이 있는가요? 나날이 양심을 씹어 피안을 기약하지 않고, 지금-여기의 제 주변을 닦고 살펴 신(神)들을 내려앉히는 곳에 가본 적이 있는가요? 집 앞 화단에서부터 미술관이 시작되고, 21세기와 16세기가 서로 알맞게 보듬고 있는 마을을 본 적이 있나요? 꿇어앉아 노변을 청소하고 종일을 걸어도 쉽게 기분이 드러나지 않는 마을을 본 적 있나요? 손에 든 빵 조각을 독수리가 맵시 있게 낚아채던 강변, 길고 정갈하고 어둑시근한 구석에서 90에 가까운 노인이 일없이 독서삼매하던 헌책방을 본 적 있나요?

경도일물京都逸物 2: '산보'라는 이름의 책임

그 강은 밀양강보다 아주 작다. 기껏 전주천의 구비 중에 폭이 넓은 곳 정도다. 그래도 강변은 제법 많은 산객(散客)들이 유보(遊步)하거나 자전거질을 하고 있다. 백인들은 처음으로 슬며시 아첨하는 표정이다. 개들은 결코 나를 쳐다보지 않는다. 이상하리만치 차분하다.

언제나 대접은 쌍방적이다. 장소가 응대하는 데에 감심(感心)할 수 있는 일, 산책이 아닌 산보의 요령이다. 감심이 깊어지고 사람들

사이에 퍼지면 동물들은 빠르게 반응한다. 밀양강의 오리와 해오라기는 100미터를 꺼리는데, 그 강의 동물들은 내 발밑에서 자적(自適)한다. 책임은 배울 수 없어, 결국 스스로 깨단해야만 하는 것이다. 산보는 인간으로 태어난 일의 책임을 달리 부르는 이름이다.

경도일물京都逸物 3: 식당에 형이상학이 있다면

한 해만에 다시 찾은 식당이었다. 70에 가까운 노인 부부가 하는 밥집(飯屋)이다. 손님이 다섯이면 만석이고, 메뉴, 같은 것은 없다. 저녁 한 끼의 영업인데, 정오쯤이면 창에 저녁거리를 알리는 메모가 붙는다. 들어서자마자 첫 눈에, 할머니가 혹시 그새 새 영감을 얻었는가, 했다. 하지만 말이 오가면서, 불과 한 해 사이에 '변형'되다시피 폭삭 늙어버린 주인장을 알아볼 수 있었다. 노인은 나를 보더니 잠시 반색을 했다.

수년 전, '밥의 양을 좀 적게 주세요.'라고 했다가 '진정으로(!)' 줄어든 밥을 건네주어 나를 놀라게 한 사람이었다. 그는 손님들의 눈치를 살피며 음반을 바꾸곤 했는데, 한쪽 벽은 온통 음반의 서가였다. 나는 또, '밥의 양은 좀 적게 해주세요.'라고 했고, 영감은 또, 당돌하게도 절반이나 줄어든 밥을 내놓았다.

경도일물京都逸物 4: 세속의 밀교

어원(御苑)을 나오다가 어느 여자대학의 정문을 지나게 되었다. 마침 졸업식을 끝내던 참이었다. 모두 천양만색의 키모노(きもの)를 입었다. 19세기 말의 조선을 탐방했던 게일(James Gale)은 "수많은 흰옷이 어찌나 갑작스레 나타나는지 이런 것이야말로 우리가 조선에서 이해할 수 없었던 불가사의"라고 말했지만, 이국의 풍염(豊艶)한 옷들이 단번에 내 앞을 가려 그 세상은 그대로 일신하였다. 수백 명의 꽃 같은 아가씨들이 꽃 같은 옷으로 흐드러지고 있었다. 본 적도 느낀 적도 없는 세상이었다. '오사카는 먹어서 망하고(大阪は食

い倒れ) 교토는 옷 낭비로 망한다(京は着倒れ).'고 하더라도, 그것은 여자들만이 가꿀 수 있는 세속적 가능성의 밀교(密教)였다.

경도일물京都逸物 5: 어떤 '감염感染'

Mimetism is indeed the contagion which spreads throughout human relationships, and in principle it spares no one. If the model himself becomes more interested in the object that he designates to his imitator as a result of the latter's imitations, then he himself falls victim to his contagion. In fact, he imitates his own desire, through the intermediary of the disciple.

- René Girard, 《Things Hidden since the Foundation of the World》

모방은 인간의 관계를 통해 퍼져나가는 전염이다. 원칙상 이는 예외가 없다. 모델인 사람이 자신의 모방자에게 그 모방의 결과로서 지정한 대상에 더 많은 관심을

가질수록 그는 그 전염의 희생자가 된다. 사실 그는 제자의 매개를 통해서 그 자신의 욕망을 모방하게 되는 것이다.

강변을 빠져나와 시내를 배회하다가 우연히 도예품 전시장에 들어가게 되었다. 한쪽에서는 백인 몇이 어울려 감탄하는 소리가 왜자하게 들린다. 차근히 둘러보다가 어떤 다관(茶罐) 앞에 멈추었다. 햇볕 아래 백옥처럼 눈부셨지만 바투 서니 무명처럼 튀지 않고 차분하고 음전한 자태다. 장인의 이름 아래에 붙은 가격표가 5천500円, 생각보다 순한 값이다. 나는 더뻑 욕심이 일어 매장 직원에게 가져갔다. 면세(免稅)해주겠다기에 여권을 주고 잠시 기다리는데, 매장의 매니저인 듯한 중년의 남성이 그 다관을 들고 다가온다. 그는 다관의 수구(水口) 쪽을 가만히 보이면서 금이 있다고 한다. 그는 사뭇 근심스러운 표정이었다. 하지만 맨눈엔 잘 보이지도 않았고 이미 그 물건에 매료된 나로서는 아무래도 좋았다. 매니저는 내게 그래도 사겠냐고 물었고, 나는 그러겠다고 했다. 그는 다시 다관을 가지고 프런트 안쪽의 직원실로 들어갔는데, 약 5분 정도 후에 다시 나와서는, 제값을 받을 수는 없으니 원하시면 3천円으로 팔겠다고 했다.

나는 정교하게 포장된 다관을 들고 매장을 나오면서, 어떤 '감염(感染)'에 휩싸인다. 타인을 향해 손을 뻗으라는, 낮은 자리에 내려앉아도 울려 퍼지는 들리지 않는 감염.

앙곡仰曲과 활주活柱

다 아는 대로 기와집의 뽄(본)새에서 제일로 치는 게 처마곡이다. 여염집 지붕의 끄트머리에 제 나름의 앙각(仰角)으로 멋을 부리는 일은 달리 유례가 없을 듯하다. 마당에서 쳐다볼 때 추녀와 사래 쪽으로 치켜 올라가며 빗각을 이룬 부분인 앙곡(仰曲), 그리고 지붕을 조감(鳥瞰)할 때 양쪽 추녀가 빠져나가 이룬 안허리곡을 아울러 처마곡이라고 부른다. 권위건축용으로나 내구성에 치중하는 중국의 우진각(隅-閣), 혹은 일본의 평연(平椽) 처마 등에 비해 선자연(扇子椽)으로써 그 날렵한 선과 결을 살린 한옥의 모서리는 과연 일품이다. 판소리 추임새의 운치처럼 살짝 들어 올려진 '처마'는 마치 한옥의 불편함을 선봉에서 가려주는 소리 없는 변명처럼 들린다.

처마를 빼는 것은 미학적 고려에서만이 아니다. 처마의 내밀기는 워낙 태양의 남중고도(南中高度)에 응해서 긴 그늘을 얻기 위함이었다. 이를 위해 홑처마에 '부연(附椽)'이라고 하는 '짧은 서까래(短椽)'를 얹는 일은 흔하다. 게다가 소나무 가지를 산자(橵子)처럼 엮어 처마 끝에 덧달아낸 송첨(松簷)도 있었다고 하니, '납작한'(김현) 아파트 입주자들로서는 우리 조상들의 처마-사랑을 감히 이해하기가 어려울 것이다. 이 부연의 유무로써 홑/겹처마가 나뉘는데, 애초에는 권위장식이었지만 차츰 '졸부(!)'들의 돈 자랑으로 변질해갔다고 한다.

언젠가, 경남 산청군 남사마을을 지나는 길에 이순신 장군의 연고지인 니사재(尼泗齊)를 찾은 적이 있다. 누마루에 앉아 활주(活柱)가 추녀 끝을 치받아 올린 자리를 한참 쳐다보다가, 묘하게 슬픈 감흥에 빠졌던 일이 새삼스럽다. 왠지, 이게 차라리 '사주(死柱)'가 아닌가, 싶었기 때문이었다.

활주는 처마의 깊이와 추녀의 높이가 치르는 비용이다. 자연의 비용은 늘 에누리가 없다. 하이힐이 만드는 신체의 앙곡(昂曲)이 요통이나 발가락 변형을 불러올 수 있듯이, 추녀의 미려한 곡선은 이미 위태로움과 짝한다. 추녀의 아리따운 물매를 공중에 잡아두려는 ('강다리'와 같은) 내부적 장치들은 결국 미봉에 불과해서 '활주'라는 외부적 절충에 이르게 된 것이다. 마치 억지로 좌탈입망(坐脫立亡)해야만 했던 몇몇 고승들처럼 이미 실패한 건물을 '활(活)주'라는 미명 아래 붙들어 두려는 게 몹시 안쓰럽다. 사람살이의 안팎과 그 곡절 속이 준칙(遵則)으로만 이루어지는 것은 아니지만, 활주는 명백한 반칙으로 보인다. 처마의 안허리곡과 추녀의 앙곡을 으뜸으로 내세우는 한옥의 미(美)가 활주라는 기둥서방(?)에 의지한다는 것은 아무래도 점직스러운 데가 있다.

쪽(마루)

내 집의 지척에 있는 '예림(藝林)서원'의 강학당 뒤편에는 알마춤한 쪽마루가 있다. 밀양의 안산(案山)인 종남산을 마주하는 고즈넉한 곳이다. 해질녘이면 이곳을 찾아 하염없이 앉아 있는데, 그 소삽(蕭颯)하고 으늑한 기운에 묻혀 세속의 근심도, 내 어리석음도 잊을 만한 유처(幽處)다.

나는 특히 '쪽마루'를 좋아한다. '쪽문'도 별스런 운치가 있고, 그런가 하면 혼인한 여자가 꼭뒤에 땋아서 틀어 올려 비녀를 꽂은 '쪽'

을 감아 도는 기운도 그렇다. '쪽'이라는 말의 알맹이는 어떤 '허전함'인데, 한옥에 들어앉을 수 있는 여러 종류의 마루 중에서도 쪽마루의 단출소박한 허전함은 왠지 야인의 신체를 눈치 없이 품을 정도로 친근하다.

쪽마루의 바깥켠에 기둥(툇기둥) 하나를 놓아도 금세 분위기가 달라지니, 쪽마루는 어느새 그'쪽'을 잃어버리고 툇마루로 변한다. 대청(大廳), 혹은 속칭 대청마루는 방과 방 사이에 위치한 큰 마루를 일컫는데, 제사를 지내거나 손님맞이용으로 쓰이는 곳으로서 방의 들어걸개문을 올려붙여 통방(通房)을 하기도 한다. 누마루(樓~)는 누각의 상부에 얹은 마루로, (나로서는) 난간장식의 모양새 탓이기도 하겠지만 왠지 '마루스러운' 정취에서 벗어난 듯한 착각이 든다. 들마루에 대해서는 굳이 언질할 가치가 없다.

머리핀을 꽂은 여자들

언제였나, 그럴 때가 있었다. 곁을 지나는 여자의 머리핀을 보게 되면, 멀고 아득한 미소가 솟으며, '아, 세상은 여전히 살만한 모양이구나!'라면서, 홍수처럼 거머리처럼 잡초처럼 고개를 드밀며 추압(追壓)해오는 허무(들)를 무심코 떨어내곤 했다. 아, 머리핀을 꽂은 여자들이여, 인생-허무의 첨단에서 환상의 춤을 추어라. 그 머리핀조차 허무로 내려앉지 않도록, 조심조심, 미래의 춤을 추어라.

자유의 환상

자유의 한 가능성은 개체의 유일회성을 드러내는 사건, 사고와 관련된다고 오인된다. 옛날, 어느 달밤에 찔레꽃이 지는 게, 그랬다. 제 홀로 스러지는 그 꽃 자취는, 닮아서 더욱 시끄러운 세속을 아스라이 멀어져 있었고, 어느새 '자유'가, 자유의 환상이 떠오르고 있었다.

준비될 때 변한다

인간은 무엇을 만나느냐에 의해서 무엇이 되는가가 정해진다.

人間は何に遇ったかによって何に成るかがきまる.

천성사(千聖寺) 입구의 판자에 써 붙여 놓은 글귀였다. '만날 때 변한다(It's when we meet someone that we learn something).'라는 격언도 있건만, 증상의 완력으로 고착되다시피 한 우리의 자아(들)를 보고 있노라면 과연 '만남'이라는 게 어떻게 가능해지는지, 뼈 시리게 되묻게 된다. 거의 동어반복이긴 해도, 무릇 만남은 자아의 문제

일 수밖에 없다. 만남은 필경 '만날 준비'에 따른다는 것이다. 만남의 현실적 결과는 물론이고 만남 그 자체가 개인에 따라 다른 경험이 되는 이유가 여기에 있다. 가령 한 편의 영화를 보는/만나는 경우에도 사람마다 다른 감상과 이해를 드러내는 것은 지극히 당연하다. 그 영화의 해석에 간여하는 총체적인 준비 — 여러 선이해나 취향 혹은 정치적 오리엔테이션 등등 — 가 그 감상에 결정적일 수밖에 없다. 당연히 '인간은 만남에 의해 결정된다(人間は何に遇ったかによって何に成るかがきまる).' 그러나 만남을 준비하지 않는 자아는, 마치 곪은 알이 부화하지 못하는 것처럼 어떤 만남도 풍경처럼 흘려버리고 만다. 소크라테스를 만난 젊은이들은 대체로 '나은 사람으로' 변했다고 전해진다. 당대의 기록에 의하면 '그(소크라테스)가 세상에서 사라져버렸으면!'이라는 증상적 저항을 드러낸 이들도 있었다. 그러나 대부분의 사람들은 소크라테스라는 이 현인(玄人)을 장터의 기인이거나 소피스트의 일종으로 흘려보내고 말았다. 타자와의 만남에 의해 변하려면 이미 준비된 자아가 필요한 것이다.

전라도, 김치맛

수년 만에 다시 서해의 갯벌을 찾았다. 해안도로에는 해당화가 폭염 탓인지 진작에 이울었다. 갯벌에는 베트남 젊은이들이 떼를 지어 뻘밭을 누비고 있었다. 베트남어가 석양의 갯벌 위를 쩡쩡거렸고, 나는 언제까지나 내 모국어 위에서 배회하고 있었다. 동죽조개가 더러 나왔지만 이미 개골창 냄새가 깊었다.

아스팔트가 아니라 시멘트 포로(鋪路)에, 주변의 산세가 숙지고 교통량이 현격히 줄며, 게다가 붉은 황토가 드러나기 시작하면 바로 거기가 전라도다. '들깨와 호미'라는 상호의 칼국수집에서 해물 칼국수를 먹었는데, 동행한 h가 '이렇게 김치를 많이 드시는 것을 처음 본다!'며 일갈한다. 임실 옥정호(玉井湖) 인근의 민물새우탕 집에서도 그런 말을 들은 적이 있지만, 내게 전라도의 맛은 그 무엇보다 김치맛이다.

현자와 유처幽處

지리산 천은사와 그 인근은 내가 독애하는 곳이다. 전라도 여행에 나설라치면 늘 인근의 상림(上林)과 함께 좀체 빠트리지 않는다. 사람의 정신을 키우는 법에도 몇 가지 정해진 이치가 있지만, 현자(賢者)와 유처(幽處)를 찾는 게 쉽고 그 무엇보다 효율적이다. 그러나 이번 방문에서는 퇴락의 조짐을 읽어 무척 우울하였다. 5~6년 전 명찰 해인사에서 일박하는 중에 그곳의 관승(官僧) 몇과 대화하면서 '썩고 있구나!', 탄식하였지만, 천은사의 곳곳에서는 아무 대화가 없이도 그 기운이 모지라지고 있음을 절감했다. 내가 사린(四隣)과 그

윤리를 구상한 이유도 여기에 있지만, 사람의 존재는 자못 희한해서, 그 정신이 변하면 주변의 생명과 사물이 반드시 조응해서 움직이는 법이다.

5장

좋아하고 미워하지 않기

희망 없이 사랑하도록

주체화의 기본은 알다시피 억압(거세)이다. 이 억압에 대응하는 대중의 유형화된 방식은 모방이다. 이 모방은 두 가지 형식으로 작동하는데, 하나는 대중의 은폐된 폭력성을 회절(回折)시켜 안전한 접속망을 제공하는 것이고, 나머지 하나는 이 코드와 버성길 수밖에 없는 인간들에게 역시 안전한 신경증을 선사하는 것이다. 물론 이 만성화된 신경증은 애초의 억압을 상기시킨다. 그리고 '가지 않은 길(the road not taken)'이었던 분열병적 낙원을 희망 없이 사랑하게 만든다.

다섯 가지 허영虛榮에 대하여

1. 나는 사적으로는, 질투나 냉소에 비해 허영의 정서나 태도를 그리 박절하게 대하지 않았다. 왜 그랬을까? 당장은 해꼬지의 기색이 없었기 때문이었을까, 혹은 '웃고 응할 필요가 없는(笑而不答)' 솜덩어리 허세라고 여겼을까? 아니면, 허영이란 무엇보다 '착실(着實)'하지 못한 데에서 아지랑이처럼 솟아오르므로, 아, 공사(公私)가 모짝 사회적 투쟁으로 몰밀려가는 현장 속에서 사람으로서 착실하기가 어려우니! 라고 제법 푸지게 판단하였을까? 아무튼, 과연, 착실하기가 어려운 것은 집중-하기가 어려운 일에 방불하므로 나는 내심

으로 그만 허탄해하면서 인내하고 말았던 것일까? 혹은 글쟁이로서의 내 허영에 이미 정통하였으므로 그저 '인간적인-너무나-인간적인' 현상으로 치부하고 만 것이었을까?

2. 보부아르는 그의 유명한《제2의 성》에서 '여자의 공백(vacance)'을 일종의 매력으로 말한다. 이 매력은, 이제사 지적하자면 그 시의성이 떨어지긴 해도, (하이데거의 용어로 고쳐) 일종의 '세계 없음(Weltlosigkeit)'에 이어져 있다. "내재성(immanence) 속에 잡혀있는 여자는 남자도 그 속에 붙잡아두고자 애쓴다. 이 내재성의 감옥이 세계와 혼동되고 있는 셈이다. 이로써 여자는 내재성의 구금상태를 더 이상 괴로워하지 않게 된다. 엄마, 아내, 그리고 애인은 그곳의 형리(刑吏)인 것이다."(Simone De Beauvoir,《The 2nd Sex》(New York: Alfred A. Knopf, 1968, p717) 보부아르의 말에 따르면 세계 속을 향한 박진(迫眞)의 부재가 허영(vanité)을 부르는 셈이다. 그러나 이 허영 속에 기묘한 매력이 있음을 그 누가 부인하랴?

3. 지식인의 허영은 단골 메뉴다. 그것은 전문성이 되레 강화시키

는 추상화의 자기소외와 관련된다. 베버(M. Weber)의 말처럼 "전문적인 판독(判讀)의 행위 속에 영혼의 운명이 달려 있다고 확신하는 것"에 의해 학문의 의미와 가치를 증명하려고 한다면, 거기에는 이미 낭만적인 신념윤리(Gesinnungsethik)의 함정이 도사리고 있는 셈이다. "학문과 무관한 이들로부터 비웃음을 사는 저 기이한 도취와 정열"을 딛고 박차오르려는 학인의 진정성은 언제나 아슬아슬한 것이다. 마치 그 모든 지식이 부양(浮揚)한 채로 스스로를 드러낼 때의 아슬아슬함처럼, 말이다.

4. 널리 알려진 대로 허영은 '진정성의 낭만주의(romantic authenticity)'와 야합한다. 물론, 식자들이 동네북처럼 홀대하는 낭만주의란 게 실은 결코 만만하지 않다. 흔히 오해하는 것처럼 낭만주의는 제 방 속의 거울을 통해 세상을 파악하려는 공주의 심리가 아니다. 낭만주의적 태도는 미드(G. H. Mead)의 말처럼 "과거를 되돌아 볼 수 있는 새로운 자아를 통해서만"(G. H. Mead, 《Movements of Thought in the 19th Century》(Chicago: University of Chicago, 1972, p70) 구성되기 때문이다. 이런 뜻에서 보자면 역사적 감각 그

자체가 낭만주의적 요소에 의해 이미 침윤되어 있는 셈이다. 풍경의 발견과 내면의 발견이 근대문학의 제도에 의해 일치된 것처럼, 진정성은 제도의 자의성에 의탁한다. 혹은 '상상의 공동체(imagined community)'(베네딕트 앤더슨)의 경우처럼, 애국심도 대표적인 허구이며, 현재의 자아-체계를 통해 되돌아본 환상의 서사에 집단적 허영을 코팅한 것이다.

5. 진정성의 테마와 겹치긴 해도 따로 논의할만한 게 '독창성'과 관련되는 허영이다. 물론 이 경우의 허영은 '독창성에 대한 사적이며 특권적인 허위의식'쯤으로 정의할 수 있다. ('나는 독창적이며 순전한 사랑이고 너는 진부하고 외설스러운 스캔들!') 그리고 그 모든 허위의식은 의식의 위력에 의해 실제로부터 소외당하는 것이다. 혹은 땅(地)에 닿지 않는 사(辭) 혹은 사(詐)의 이야기다. 따라서 대개의 독창성-허영은 '사태 그 자체로(zur Sachen selbst)'라는 상상만으로도 틈을 낼 수 있다. 다시 말하지만 허영은 착-실(着-實)하지 않는 것이기 때문이며, 사실성(Sachlichkeit)의 육박(肉迫)에 의해서 지레 흔들리기 때문이다. 가령 푸코(M. Foucault)가 서술한 '참회'의

방식을 통해 이를 에둘러 예증할 수 있다. 그에 따르면 초기 기독교 전통 속의 참회는 심리적 정화(淨化)의 문제라기보다 장기간 특정한 사람(죄인)에게 부과하는 사회적 지위 혹은 신분이며 이와 결부된 생활양식이다. 그러니까, 참회의 조건은 개인의 언술이 아니라 그 신분과 지위를 사회적-연극적으로 인지(exomologiesis)하고 실천하는 데 있었다. "참회는 명목상의 것이 아닌 연극적인 것이며…이는 꼭 시각적으로 재현되고 또 이를 인정하는 타인들의 참여가 필수적"(미셸 푸코, 《자기의 테크놀로지》, 동문선, 75쪽)이라는 것이다. 허영이 일종의 허위-의식이라면, 타인과의 관계 속에서 연극적으로 실천하는 방식을 통해 그 '의식'의 외부로 나가는 길을 뚫어볼 만하다. 과연 연극적 실천의 일관성이 지닌 무게를 통해 허영을 땅으로 내려앉힐 수 있을까?

그리움이란 무엇일까?

이 논의에서 가장 중요한 구분은, 세속의 연인(戀人)들은 아무런 그리움의 대상이 아니라는 사실이다. 우선, (연정에 애욕이 없을 리 없고, 애욕에 열망이 붙지 않을 리 없건만) 그리움이 무엇이든 그것은 열망(熱望)과 같은 게 아니다. 낚시꾼은 대어를 열망하지만 그리워하는 건 아니고, 빠칭코꾼은 한탕을 열망하지만 그것을 그리워하는 것은 아니며, 나 역시 종종 나주 곰탕이나 임실 민물새우매운탕을 열망하지만 이를 일러 '그리움'이라 부르기는 참 맨망스러운 짓이다.

그리움이란 소유하거나 지배할 수 없는 가치에 터했다는 점에서, 언젠가 내가 말한 '행운이 아닌 행복'의 개념과 상통한다. '그것'을 소유하는(정확히는, '~했다고 생각하는') 순간 그리움의 운동은 잠시(라도) 멈추는 법이다. 그리곤 소유의 손아귀 사이로 어차피 빠져나오게 되는 포획할 수 없는 그것의 잉여를 텃밭삼아 운명처럼 혹은 삶의 근원적 어긋남처럼, 그리움은 다시 기동한다. 마찬가지의 이치로 완전히 '지배'당할 수 있는 것도 그리움의 대상이 되진 못한다. 그리움은 말 그대로 '그것이-내게-없다'(I-miss)는 사실에 터하는 정서인데, 그것이 내게 있을 뿐 아니라 완벽히 지배할 수 있는 지경이라면 대체 무슨 용도의 그리움?

그리움은 일종의 무능함일 것이다. 그리고 바로 이 무능함으로 인해 그리움은 열망의 정서와 결별한다. 그러나 이 무능은 자본제적 유능을 아스라이 넘어서는 뒷맛을 갖는데, 이는 그 유능을 내파하고도 남는 '잉여가치'를 갖기 때문이다. 그리움은 오직 소유하거나 지배할 수 없는 잉여, 혹은 '나머지'를 향한 정서이니, 나머지와 그리움이 없는 것은 곧 기계와 다를 바 없다. '분노도 이데올로기도 없이'

기계화된 인간들에게 없는 것은 주변과 나머지에 대한 동정적 혜안이다. 그리움이란 바로 이 같은 지혜가 샘솟는 곳으로서, 우리에게는 이미 그 용례(用例)가 없다.

주체를 재구성하는 전략의 하나로서 어휘의 창안을 말하는 이가 있듯이, 소멸한 용례를 되찾는 일은 대안적 삶을 향한 입고출신(入古出新)의 작지만 질긴 가리사니가 될 수 있다. 바로 거기에 '그리움'이라는 어휘의 새로운 용례를 얻어야 하는 취의가 있다. 그런 뜻에서 보자면 '그리움'의 회복은 자본제와 불화하는 삶의 정서적 징후로서 읽힐 수 있다. '산책'이 자본제적 삶과의 창의적 불화의 형식인 것처럼, 그리움도 (스피노자의 해설을 참고하여) 수동적 정념이 아니라 개인과 체계의 관계에 적합한 총체적 인식에 터한 것으로서, 일종의 불화하는 능동성이며, 내 말로 고치면 '하아얀 의욕의 뒷맛'과 같은 것이다.

좋아하는 것과 돕는 것

어느 가물가물한 옛날, 그 여름날, 내가 군인으로 유격훈련 중에 행군을 하고 있었을 때, 지나가던 택시 기사가 무심히 건네준 떡 한 조각이 나를 도와, 단숨에 내 육체를 살렸는데, 이후, 나는 그런 떡, 혹은 그런 '떡과 같은 것'을 받아본 적이 없다. 하기사 이런저런 떡을 받았고, 떡고물이나 떡 상자를 받기도 하였겠지만, 그 어느 것도 나를 '돕지' 않았으며, 아니 이미 '구조적으로' 나를 도울 수가 없었다. 기껏, 떡은 나를 좋아한다는 — 급기야는 제 자신을 좋아한다는! — 신호였고, 미끼였으며, 나르시시즘이었다.

'떡과 같은 것'을 줌으로써 누군가를 도울 수 있는 어떤 '세상'을 일러 추억이라고 한다. 그 추억 속에는 도울 수 있었다는 긍지와 더불어 관계나 어떤 공동체의 상호작용 속에서 오가는 도움에 대해 충분히 감사하지 못했다는 회억(回憶)이 자리한다. 추억에 대한 통속적인 이해에는 흔히 '아이스케끼'나 '자치기'나 '순이'와 같이 한때 '좋아했던 것'을 들먹이는 짓이 횡행한다. 그러나 추억의 알속을 관류하는 논리는 '돕는 것'에 대한 문제가 언제나 숨어 있는 법이며, '좋아하는 것'의 이미지들은 그 이치의 내력을 숨기는 풍경일 뿐이다.

추억은 흔히 "한 글방에서 공부하고 겨울이면 같이 닭서리 해다 먹던 수남이 복동이들이 그리워서 앉도 서도 못하도록 우리의 몸을 달게 만드는 이상한 힘"(유진오) 따위로 묘사되곤 한다. 향수나 그리움을 일종의 병(病)으로 해석했던 사회학자들이 있었던 것처럼, 이 이상한 힘에 대한 낭만적 묘사를 그리 탓할 수는 없다. 루카치의 지적처럼, 자본제적 삶의 풀풀하고 각박한 산문성에 대한 투쟁이 흔히 낭만주의적 반동으로 흐르고 마는 이유도 마찬가지다. 서양사에서 18세기 말~19세기 초를 일러 낭만주의의 시기라고 하는 것에는, 추억을 특정한 시공간 속에 붙들어 놓을 수 있었던 마지막 시기, 이동과 소통의 격절(隔絶)에 의해 가능했던 정념의 지체와 결절(結節)이 이행기의 편의주의적 전망에 의해 서서히 해체되던 시기, 추억이라는 무능력이 산업혁명의 격변을 배경으로 재무장(?) — 조만간 다가올, 추억마저 상품화한 '세속'의 형식을 역설적으로 예기하듯이 — 되던 시기에 대한 총체적인 공감각(共感覺)이 작용하고 있었다. 그러나 그 작용의 진정한 의미는, 도와주고-받으면서 이어오던 삶의 상호작용과 이를 통한 주체화의 길이 막혔다는 것이며, 서로 가진 것이 많으면 많을수록 오히려 서로를 도울 수 없다는 역설이다.

물론 한계효용체감의 법칙도 부단히 작용하고 있다. 쉽게 말하자면, 행복의 계기와 그 여지는 부(富)의 확보, 혹은 문명과 기술의 향유에 비례하지 않는다는 것이다. 우리는 세상을 '진보'하게 함으로써 외려 행복의 역치(閾値)를 쓰잘데없이 높이고는 그 실질적 가능성을 낮추고 만다. 풍요와 자본제적 삶의 구멍 뚫린 평등에 의해, 오히려 도움을 주고받을 수 있는 즐거움과 보람은 더욱 멀어진다. 삶의 양식에 근거한 행복은 주술적인 행운으로 바뀌고, 인문(人紋)을 상품으로, 그리고, '도울 수 있는 것'은 모짝 '좋아할 수 있는 것'으로 둔갑할 뿐이다. 그 무엇으로도 도와줄 수 없는 시대에 정녕 필요한 성찰은, '좋아한다는 것'의 실체, 바로 그것이 아닐까?

친구, 그 따스한 혼동

Rien, jamais, en effet, ne remplacera le compagnon perdu. On ne se crée point de vieux camarades. Rien ne vaut de le trésor de tant de souvenirs communs, de tant de mauvaises heures vécues ensemble, de tant de brouilles, de réconciliations, de mouvements du coeur. On ne reconstruit pas ces amitiés-là: Il est vain, si l'on plante un chêne, d'espérer s'abriter bientôt sous son feuillage. - Saint-Exupéry

잃어버린 친구를 대신할만한 것은 없다. 오래된 친구들은 만들어지는 게 아니다. 공통되는 그 많은 추억, 함께 겪은 그 많은 어려운 시간들, 그 많은 불화, 화해, 마음의 요동이라는 보물만큼 값진 것은 없다. 이러한 우정은 재구성되는 게 아니

다. 참나무를 심었다고 해서 머지않아 그 그늘 밑에 쉬기를 바라는 것은 헛되다.

《동무론》 3부작의 저자로 알려진 내겐 친구라는 게 없다. 친구… 개나 소나 김영삼들이나 전두환들이 가진 바로 그 (남이 아닌) '친구' 말이다. 이따금 나는 이게 대체 누구의 잘못인지 캐려고 지난 일들을 차근히 되짚거나 홀로 따져보기도 한다. 이런저런 사람들이 떠오르긴 하지만, 이내 내 심리의 자장 속으로 회수할 수 없는 어떤 이치의 흐름과 힘에 휩쓸려 그 얼굴들은 멀어져간다. 주변의 타인들이 다 그르고 나만 옳다는 생각은 민주스럽고, 내 윤리를 꺾고 새삼스레 낡은 추억에 밴 정서를 반성적으로 헤집는 일은 허탈하다.

친구가 없다는 사실은 세속의 따가운 시선에서 자신의 정서와 허영을 보호할 추억의 그늘이 없다는 사실과도 같다. 친구가 그늘을 지닌 나무와 같다는 비유는, 사실 겹으로 적실해 보인다. 그늘은 오직 태양의 존재로 인해 가능해지지만, 외려 그 태양을 모른 체하는 허위의식이 곧 그늘의 존재방식이 된다. 그런 식으로, 그늘이나 친구는 둘 다 상상적 태도에 전형적인 사례들이다. 친구는 우선 그늘 속에서 만들어진 존재양식이므로 공론과 맺는 관계 역시 양가적 — 흔히 공론에 기생(寄生)하면서도 통히 노출되면 죽는다 — 이다.

가까워진다는 게 흔히 의도나 결심의 몫이 아닌 것처럼, 멀어진다는 것도 궁극적으로 알 수 없는 일이다. 그렇기에 관계 속의 오해나 수모는 더러 견딜만한 것이며, 때로는 창의적인 요인을 품고 있기도 하다. 물론, '오래 품을 오해와 급히 벗길 오해'의 구분이 중요한 것처럼, 친교(親交)를 구성하는 갖은 요인들의 장단을 살피고 섬세하게 포폄(褒貶)하는 일은 사귐이 이루어지는 내내 늦출 수 없는 현안이 된다. 그러므로, 비록 궁극적으로 알 수 없는 일이며, 마치 이해가 외려 오해의 품속에서만 작동하는 것처럼 사귐의 과정에서도 영영 풀 수 없는 의혹과 수모는 계속된다 하더라도, 마치 강섬을 사이에 둔 채 돌이킬 수 없이 갈라지는 물줄기들처럼, 가까워지는 것과 멀어지는 것 사이에는 분명한 이치의 차이가 있는 것이다.

(참)나무를 심어 얼마 되지도 않은 터에 나무그늘 아래 쉬려는 게 실없듯이[Il est vain, si l'on plante un chêne, d'espérer s'abriter bientôt sous son feuillage], 친구(舊)는 그 시간의 자연스럽고 나태한 효용을 통해 세속의 시선을 피할 그늘을 준다. 이런 식으로, 무이념의 이념인 친구는 세속을 가르는 그 모든 진지한 차이들을 시간의 그늘 속에 묻어 버린다. 대의와 명분의 차이, 생활양식의 차이, 희망의 차이는 잊힌 채 오직 '친구는 남이 아니'라는 사실에 이들의 세속은 기생한다.

질투가 두드러진 것은 우연이 아니다

사탄의 나쁜 점 중 특히 선망, 질투가 두드러진 것은 우연이 아니다.

- R. 지라르, 《나는 사탄이 번개처럼 떨어지는 것을 본다》

십년공부를 도로아미타불로 만드는 게, 그 무엇보다도 질투와 시기다. 이는 실수보다 외려 실수에 대한 변명이 영혼을 갉아먹는 이치와 같다. 질투가 이미-사후적으로, 무엇을 증명하고 있는지를 헤아리면 사태의 내면이 분명해진다. 질투와 시기는 호오(好惡)의 삶에 기생할 수밖에 없으며, '사랑이 많으면 곧 미움이 따른다(愛多けれ

ば憎しみ至る).'는 격언은, 그 사랑의 정체를 증명한다. 그러므로 보살의 보시(布施)를 기억보다 빠르게 사라지는 일이라고 말하는 것이다. '너무 잘 하려다가 일을 그르쳤다(le mieux est l'ennemi du bien).'고, 다시 변명할 셈인가? 아니, 일곱 살이든 일흔이든 질투에서는 단호히 악마의 증기(憎忌)를 읽어야 한다.

정情

정(情)에 관한 세속의 상식을 벗어버렸다면 당신은 이미 돌이킬 수 없는 길에 들어선 셈이다. 정이 곧 사람[人情]이기 때문이다. 매사 정에 쏠리는 게 상정(常情)임을 누구도 쉬 부인할 수 없다. 그러나 정을 인간적인-너무나-인간적인 것으로 여기는 순간 우리가 깜빡 놓치게 되는 사실은, 정에도 나름의 역학(力學)이 작동하고 있으며 그 운용의 방식이 꽤나 '(리비도)경제적'이라는 점이다. 사이코패스나 소시오패스(sociopath)의 경우에 특징적이지만, 최하의 인물, 혹은 최악의 인물들은 아예 정을 이해하지 못한다. 이입(em-pathy)

의 불능 탓에 이들은 다만 고장난 것처럼 보이기도 하지만 때론 아예 잔인성을 제지할 수 있는 정서적 '완충(capiton)'을 상실한다. 이처럼 아예 정(pathy)에 들어서지(em) 못하는 최악의 사람들이 있는가 하면, 세속의 대체는 정에 쏠려 있게 마련이다. 일희일비 속에서 좋아하고 미워하며 살아가고 있는 셈이다.

이른바 '세속의 어긋남[好心不得好報]'을 절실히, 나날이 체득하면서 제일 먼저 깨단하게 되는 게 정의 역학이며 그 진실이다. 정은 근본적으로 사정(私情)일 수밖에 없는데, 특히 사회적 정서인 신뢰와 비교해보면 그 성격을 단박 알 수 있다. 다정불심(多情佛心)이라는 식의 언설은 죄다 과장이지만 인간이라면 정을 피할 수 없고 또 굳이 피할 필요조차 없다. 이처럼 평범한 이들이라면 누구나 정에 휘둘리며, 좋아하고 미워하며 살아간다. 그런가 하면 정을 이해하지 못하는 고장난 이들 중에는 괴오(乖忤)한 악인들도 있다. 그러나 최상의 인물들이라면 정을 지며리 잊어버릴 수 있는 것이다.

호기심과 무용심無用心

호기심(Neugier)은 현대(인)의 병증이다. 새로운(neu) 것을 향한 욕망(Gier)은 무엇보다 새로운 것을 소비의 대상으로 삼아 윤전(輪轉)시키는 도시자본주의의 본질이자 그 깜냥이다. 그런 뜻에서 부스대는 호기심은 우리 시대와 그 장소의 증상으로서, 이는 신경증 일반을 문명병으로 여기거나 우울증을 도시사회의 증상으로 여기는 진단과 흡사하다. 호기심의 실체를 이해하려면 우선 이 마음의 자리에서 벗어날 필요가 있는데, 그 외부가 곧 집중(Andächtig-keit)이다. 집중의 상태를 파쇄하려는 쉼 없는 마음의 움직임을 '기심(機心)'이라고 한다. 호기심이란 기심의 현대적 변용태로 볼 수 있다. 이것은 생활세계 일체가 번거로워진 현실 속에서 인간정신의 집중-수위가 낮아지는 데 기인하는데, 이로써 기심(機心)이 집심(執心)의 자리를 전반적으로 대체하게 된다.

호기심을 창발성(heuristicality)과 연계시키는 주장이 적지 않지만, 이는 단견이다. 대체로 호기심은 베스트셀러에 접근하게 하지만 뉴턴이나 헤겔을 붙들고 있도록 돕지는 못한다. 하이데거 식으로 평하자면 호기심이란 대중(das Mann)이 잡담(das Gerede) 속에서 애매하게(zweideutig) 운용하는 마음의 버릇인 것이다. 호기심이 오용되는 방식을 이해하기 위해 좋은 참고점이 될 만한 게 이른바 '창의성'이다. 실은 '창의성(교육)'처럼 매력적일만치 오해가 심한 용어도 없을 것이다. 단적으로 말해, 창의성이란 전문성의 '틈'에 의해 가능해지는 현상이므로, 아마추어적 한사(閑事)의 이미지만을 흩뿌리고 있는 호기심을 바로 창의성의 문턱에 배치하려는 발상은 우스꽝스럽고 물색없는 짓이다. 호기심의 창구를 통해 '행운'에 이를 수 있을지 모르나, 필경 '행복'에 이르지는 못할 것이기 때문이다.

차라리 창발성을 무용심(無用心)에 이어붙일만할 것이다. 무용심이란, 바이러스처럼 번져가는 호기심의 섬유를 일시에 끊어버린 빈터(Lichtung)에 조응하는 '마음이 없는 마음', 즉 어떤 상태의 집중(attentiveness)이다. 수많은 학인들과 수행자들이 다른 이름을 붙이거나 다르게 설명하기도 했지만, 그 요체는 일차적 '기능주의의 관련성(Funktionalismuszusammenhang)'을 향해서 마음의 표상을 줄세우려는 태도와 근본적으로 버성기거나 어긋내는 한적경(閑寂境, Abgeschiedenheit)이라는 무심이다. '두 번째 언어는 두 번째 영혼(To have a second language is to have a second soul)'이라고도 하지만, 차라리 욕심과 언어조차 끊어져 버린 '가만한' 집중의 상태 속에서야 영혼은 제자리를 찾아간다. 내가 한때 무능(無能)의 급진성을 얘기한 것처럼, '무용즉대용(無用卽大用)'이라고 하는 가능성의 텃밭, 말이다.

6장

사람만이 절망이다

이미 늦은 것, 인간이다

My heart was broken…it's always gonna be broken. And I know your heart is broken too. - Kenneth Lonergan, 「Manchestrer by the Sea」, 2016

나는 상심했다…늘 그럴 것이다. 그리고 당신도 상심했다는 것을 안다.

누가 더 많이 아픈지 경쟁한다. 인간이다. 누가 더 억울한지 다툰다. 인간이다. 상대를 이해할 수 있어야 경쟁이 되지만 내 '생각' 속에서 이미 상대는 보이지 않는다. 인간이다. 너와 내가 맞물린 자리를 알아챌 때에야 비로소 화해이지만 그 자리는 늘 한 발 늦다. 인간이다. 상대의 마음이 깨어졌기에(broken) 나도 내 깨어진(broken) 마음을 붙안고 찾아올 수 있었을 뿐이다. 인간이다. '그리고(and)', 는, 이미 늦은 것이다. 인간이다.

괴물이 온다

소식도 없이 하나의 사건이 우리 사이에 조용히 퍼지고 있다 — 괴물들이 사람 사이에 떠돌고 있다는 얘기다. 접시꽃이나 혹은 메꽃처럼 그렇게 살기가 정녕 어려운 것일까 — 그저 소박한 '사람'으로 살기가 그토록 어려운 것일까, 아니면, 괴물의 매력이 그토록 강력한 것일까? 이는 참으로 처참한 일인데, 세속 속에서나마 '사람의 무늬(人紋)'를 얻어 "죽기 전에 인간단지를 꼭 한번 맨들어 보고 싶었"[1]던

---

1) 김정한, 「인간단지」, 《김정한 작품집》, 홍기돈 엮음, 지만지, 2010, 67쪽.

사람으로서는 마치 외난내암(外難內癌)의 난경에 처한 것이나 다를 바 없기 때문이다. 이 괴물은 대체 누구일까.

인간만의 짓

夜なんか, あの人の眠ってるのを見ているうちに, どうしようもなくなって, 殺しそうな氣がして來るんですもの.

- 川端康成, 《女であること》

특히 밤에 저 인간이 자고 있는 모습을 보고 있으려면, 속절없이 죽이고 싶은 생각이 밀려오곤 한다고.

‘인간만이 절망’이라는 말은 내가 15년 이상 입에 올려온 슬픈 화두다. ‘인간만이 희망’이라고도 하지만, 둘은 굳이 비각을 이루지 않는다. 아무튼 인간만의 짓이기 때문이다. 누구에게는 누구가 희망이고 다른 누구에게는 다른 누구가 절망이며, 작년에는 희망이었던 사람이 올해는 절망이 되고, "먼동이 트면 곧 죽고 싶은 마음 저녁밥 먹고 나니 천년이나 살고 싶어," 영영 메시아는 오지 못한다.

등이 굽은 노파가

등이 굽은 노파가
길섶에 주저앉아 나물을 캔다.
해가 지기도 전에 시기하듯 달은 떴다.
한없이 무심한
높고 빛나는 어깨를 지닌 차들
봄을 잊은 노파가
봄나물을 캔다.

봄이 온다

봄이 온다.
찔레꽃 피고, 고양이 졸고
상처받은 자는 일없이 희망(Frühlingsglaube)을 읊조리고
노인들이 죽는
봄이 온다.

한국남자들, 혹은 건달들

한국의 남자는 거개가 건달이다. 표정도 건달이고 눈매도 건달이고 매무새도 건달이다. 앉아 있어도 건달이고, 서서 걸어도 건달이다. 밥을 먹을 때도 건달이고, 악수를 할 때도 건달이고, 모르는 여자를 대할 때도 건달이고, 심지어 발제를 하거나 강의를 할 때도 건달이다. 핸드폰을 놀리거나 담배를 피울 때는 더더욱 건달이니, 술을 먹을 때에는 살펴 말할 건덕지조차 없다.

슈퍼마켓 주인남자도 건달이고, 돼지국밥집 주인남자도 건달이고,

안경집 주인남자도 건달이다. 교수 남자도 건달이고, 시간강사 남자도 건달이고, 대학원생 남자도 건달이다. 중도 건달이고 목사도 건달이고, 모모한 도사(道士)조차 알고 보면 건달이다. 우리 동네 은행 지점장 남자도 건달이고, 우리 동네 편의점 주인남자도 건달이고, 우리 동네 추어탕집 주인남자도 건달이다. 택시기사 남자는 말할 나위도 없는 왕 건달이고, 치킨집 주인남자는 순 날건달이고, 밀양의 시의원이라던 그 친구도 통짜로 건달이다. 아랫집 남자도 건달이고, 뒷집 남자도 건달이고, 옆집 남자도 건달이다. 이미 초등학생 남자들조차 건달을 향해 왁달박달하게 내달리고 있으니, 중학생이나 고등학생 남자들이면 꽤 어엿한 건달이다.

건달-인간형은 좋게 말해서 시대착오의 서구적 중세인, 그것도 왜곡된 중세인이다. 이를테면 내가 다른 글에서 "그것(건달)은 자본주의적 삶과 더불어 공생하고 있는 중세적 유토피아 의식의 도착(倒錯)일 뿐 아니라 그것이 마른 오이처럼 졸아든 징후"라고 요약한 것과 일치한다. 러셀(B. Russell)이나 오르테가 이 가세트의 어법을 빌려 말하자면 "규율을 지키고 봉사의 삶을 추구하며 고귀한 목적을 위해 자신의 삶을 바치는 중세인들"이 사라진 공백을 채우는 하이에나나 불개미와 같은 존재들인 셈이다. 잘라 말해서 건달이란 산업사회적 노동의 분배와 그 성격화(characterization)에 실패한 일을 말한다. 혹은 중세적 권위와 명예를 시대착오적으로 재생산하려는 소비사회의 도착적 일상을 반영하고 있다. 그러니까 건달형 인간은 (베버의 지론과는 달리) 근대적 직업윤리의 외부를 자유의 영역으로 착각하거나, 혹은 생래적으로 사적(私的-邪的) 판타지에 젖은 과거의 몸을 지닌 채 현실사회의 합리성에 공조할 수 없는 것이다. 물론 중세를 극복하는 일반적인 방식은 (근대적) '직업윤리(Berufsethos)'의 내면화이므로, 한국적 건달인간의 탄생은 필경 한국적 근대화의 조건과 그 한계 속에서 해명되어야 할 것이다. 더구나 한국의 과거는 전 세계에서 유례가 없을 만치 강고하고 혁혁한 문사(文士)의 사회였으므로, 불과 한 세기를 지나오는 근대화의 과정 속에서 국민의 태반이 건달화되었다는 사실은 실로 놀라운 사건으로서 야무진 분석을 요하는 현상이 아닐 수 없다.

이 현상을 분석할 때에는 건달-현상이 일본 같은 수직적 칼의 사

회[たて社會]가 아니라 오히려 말의 사회[よこ社會]에서 생겨난다는 점에 주목할 필요가 있다. 물론 이 논의는 내가 이미 여러 글에서 언급한 바 있는 '죽어도 죽지 않는 문사들'의 이치로부터 파생하고 있다고 보아도 좋다. 문사사회의 언술이 내생적으로 갖춘 '질서적 비질서'의 생태는 한 치만 어긋나도 곧 건달(乾達)의 자리로 미끌어진다. 역설적으로 말하자면 일본은 사무라이의 사회, 혹은 진정한 깡패의 사회이므로 건달 따위가 일상의 낮은 자리를 채울 수 없다. 깡패(やくざ者, mafia)라는 전문가가 없는 사회는 곧 건달이라는 아마추어적 존재들이 활개를 치는 사회인 셈이다. 그러므로 문제는 근현대적 직업사회 속에서 전문가들이 차지하고 있는 자리와 그 생태계일 것이다. 그러나 이 시시한 아마추어들의 허접한 외장(外裝)이 마치 곰팡이나 바이러스처럼 전염되고 창궐할 수 있는 데에는 다만 건달스러운 개인들이 늘상 겪고 살아갈 수밖에 없는 매체적 효과만 있는 게 아니다.

이것은 앞서 지적한 바의 내재적인 원인, 즉 '근대적 직업윤리의 내면화'에 실패한 사실로부터 그 구조적 원인을 염출해낼 수 있겠다.

한국적 근대화의 허실과 명암에 대한 논의는 이미 여러 차례 담론의 홍수를 치렀고, 급속, 농축, 표피, 타율, 편파 등등의 개념틀로써 그 문제점들이 상설된 바 있다. 시대가 변하면 곧 이를 대변하는 표상형식(Vorstellungstypen)이 바뀌고 이를 기술적으로 매개하는 매체가 바뀌는 법이다. 그리고 이른바 자기정체성은 이 표상형식과 매체에 의해서 수행적으로 재구성된다. 나는 만일 내 가설 — '한국의 남자는 (직업에 상관없이) 거개가 건달이다' — 이 소루하고 퉁명스러운 것이긴 해도 그 나름의 이치를 쟁이고 있다고 하면, 이는 근대화 과정에서 필수적인 직업전문가적 인간의 탄생과 그 자기정체성의 구성에서 실패한 역사에 뿌리를 내리고 있다고 판단한다. 내가 다른 글에서 "건달은…축제와 폭력의 세계를 (일없이) 동경하는 고중세적 감수성에 기대지만, 다만 노동이라는 산업사회적 비용을 치르지 않으려는 판타지"라고 정리한 이유가 바로 여기에 있다.

남자들은 다 어디에 갔을까?

공부 모임에 남자들이 차츰 보이지 않게 된 것은 꽤 오래된 일이었다. 돌아보면 성비가 맞춤한 듯할 때도 있었건만 언제부턴가 그들의 자취는 아득히 멀어져 있었다. 가뭄에 콩 나듯 드나드는 남자들은 따개비처럼 자신의 생각 속에 머물거나, 혹은 반-건달처럼 왁달박달거리면서 공부-장소(감)의 버릇을 익히는 데 실패했다. 흥미롭게도, 꾸준히 공부를 계속하는 몇 안 되는 남자들은 이미 그 '남자(들)'이 아니라는 사실이다. 아는 대로 생물진화의 사실은 결코 눈대중할 수 없지만, 나는 바로 이 교차/교체 속에서 어떤 멸종과 신생(新

生)을 벼락처럼 읽는다.

술집에 있다거나 '삼성'에 갔다, 거나 혹은 도서관에 박혀서 토익 공부를 하고 있다는 따위의 설명만으로는 우리 시대 남자들의 행방을 다 설명하지 못한다. (물론 사람의 일을 '다' 설명할 수 있는 이론은 없으며, 그런 전포괄성을 자처하는 이론은 이미 이론의 위상을 잃고 도그마화하는 법이다.) 정신분석학적 패턴지에 의하면 남자들의 성정이나 행태를 '강박(Zwang)'으로, 이와 대조해서 여자들을 히스테리(Hysterie)라는 심적 구조로 분별해서 그 움직임의 개요를 설명할 수 있다. 강박이란 쉽게 말하자면 체계구성적 욕심이다. 자신의 경험이나 선입견으로 건축된 관념의 건물을 고수하려는 태도와 사고방식(mind-set)이며, 타자들과의 열린 관계를 통해 '변증법적으로' 통기(通氣)하지 못하는 무능력이다. 강박증자가 하나의 진실(관념)을 고착된 듯 추구한다거나, 상대(분석가나 애인, 혹은 여성일반 등)가 죽은 듯이 가만히 있기를 바란다는 식의 임상적 관찰은 이러한 설명과 잘 부합한다. 이 경우에도, 수십, 수백만 년 동안 남자들은 제 땅을 지키고, 제 집을 짓는 존재였다는 엄연한 사실을 되새기게 만든다. 결국 '관념'이 진화의 마지막 생산물 중의 하나라는 점을 잊지 말아야 한다면, 한때 무리를 위해 집을 짓고 지키던 이들이 어느새 '관념'의 성(城)을 쌓아 지키고 있는 사실을 이해할 만도 하지 않는가. 그러므로, 남자들이 다 어디에 갔느냐고, 묻는다면, 그들은 죄다, 제 '생각'의 성탑(城塔) 속에서 열심히 살아가고 있다고 말해야 한다.

지난 수십 년 간 대학의 바깥에서 이런저런 철학-인문학 모임-공동체를 열고 또 겪어온 내 개인의 경험도 그렇지만, 특히 남자들은 선생의 노릇을 하는 나에게, 혹은 내가 방편적으로 제시한 공부의 틀에 대해 이런저런 모양의 '거부'(감)을 드러내곤 했다. (다른 글에서 언급했지만, 이 거부감의 외피는 흔히 '건달'스럽기도 했다.) 이것은, 여자들이 비교적 소극적 '저항'을 내비치는 현상과 제법 분명한 대비를 보이기도 한다. 남자들의 거부는 "자신이 타자로부터 독립된 존재라고 굳게 믿는 강박증자가 분석을 거부하는 것"(Bruce Fink)과 조응한다. 그러나 거부는 이미 양가적이다. 애초에 접근하지 않는다면 거부할 수도 없겠기 때문이다. 분석을 거부하기 위해서라도 분석가가 필요한 것처럼 공부를 거부하기 위해서라도 어떤 남자들은 '무시 받은 선구자(neglected precursor)'로서의 선생이 필요한 셈이다. '세 사람이 길을 가면 그중에 반드시 내 스승이 있다(三人行必有我師焉).'고 하였지만, (남자들의 세계에서) 대체로 그 스승은 거부당하거나 무시 받을 수 있도록 존재하는 것이다.

이것 또한 지나가리라 Sie wird wohl auch wieder vorbeigehen

Bei allem, was ich tue, muß ich an die anderen denken, die weg sind. Und wenn ich wegen etwas lachen muß, höre ich erschrocken wieder auf und denke mir, daß es eine Schande ist, so fröhlich zu sein. Aber muß ich denn den ganzen Tag weinen? Nein, das kann ich nicht, und sie wird wohl auch wieder vorbeigehen, diese Niedergeschlagenheit. - Anne Frank, 《Tagebuch》

내가 행하는 모든 것에서 나는 이미 사라진 타인들을 생각해야 한다. 그리고 내가 무엇 때문에 웃는 중에도 나는 깜짝 놀라며 웃음을 멈추고, 이렇게 기뻐하는 게 부끄러운 짓이 아닌지를 자문하게 된다. 그렇다고 나는 종일 울고만 있어야 하는

가? 아니다, 그렇게 할 수는 없다. 이 침울함조차도 언젠가 지나갈 것이다.

내가 소년이었을 때 한글로 읽은 '안네'는 어린 소녀였다. 하지만 나이 들어 독일어로 읽은 안네는 완전히 달랐다. 15세의 소녀는 문득 한 사람의 인간으로, 영혼으로, 또 무엇보다도 '작가'로 다가왔다. 궁박한 은신처에 짓이겨진 채 피어나는 소녀의 욕망은 인간이라는 한계와 조건을 새삼 되돌아보게 만든다. 독일어와 화란어는 한 모태에서 파생된 오롱이조롱이 격에 불과하니, 비록 애초의 원문이 아니어도 그 난경에 박진할 수 있었던 덕일지 모른다. 타인의 고통을 온전히 배우기는 불가능해도, 시대의 폭력 아래 짓눌려 궁박하게 살면서도 글로 풀어낸 소녀의 절망과 희망에는 희비고락의 만화경적 일상이 고스란히 들어 있었다. 1942년 11월 20일(금)자 일기에는 "이 침울함도 지나가리라(sie wird wohl auch wieder vorbeigehen, diese Niedergeschlagenheit)."라고 적고 있다.

그러나 안네는 게슈타포에 의해 발각되어 유대인 강제수용소 베르겐 벨젠(Bergen-Belsen)으로 옮겨졌고, 연합군에 의해 해방되기

직전인 1945년 3월 12일, 영양실조와 장티푸스로 16세의 짧은 일생을 마쳤다.

사람만이 절망이다

밝은 사람이 없는 게 아니다. 그렇다고 세상이 밝아지진 않는다. 별이 총총해도 밤은 어둡지 않던가. 희망의 불씨를 지닌 사람이 없는 게 아니다. 그래도 사람은 절망인 것이다. 불씨는 다만 어두움의 기별이며, 지혜는 세속의 유언(遺言)일 뿐이다.

내가 사랑했던 자리마다 모두 폐허

Ich hatte nicht viel Verständigung für die in 《Die Psychologie der Dementia praecox》 ausgedrückten Ideen gefunden, und meine Kollegen lachten mich aus. Aber durch diese Arbeit kam ich zu Freud. Er lud mich zu sich ein, und im Februar 1907 fand unsere erste Begegnung in Wien statt. Wir trafen uns um ein Uhr mittags, und dreizehn Stunden lang sprachen wir sozusagen pausenlos. Freud war der erste wirklich bedeutende Mann, dem ich begegnete, Kein anderer Mensch in meiner damaligen Erfahrung konnte sich mit ihm messen.

- K. G. Jung, 《Erinnerungen, Träume, Gedanken》

나는 《치매의 심리학》 속에 개진된 생각에 그리 공감하지도 못했으며, 내 동료들도 나를 비웃었다. 하지만 이 작업을 통해서 나는 프로이트와 만날 수 있었다. 그가 나를 초청했으며, 1907년 2월에 우리들의 첫 만남이 이루어졌다. 우리들은 오후 1시 경에 만나서 이후 13시간 동안 쉴 새 없이 이야기를 나누었다. 프로이트는 내가 만난 최초의 진실로 중요한 인물이었다. 그 당시의 내 경험 속에서는 그와 필적할만한 사람은 아무도 없었다.

닳고 닳아 괴로운 세상(世間擦れ)이 아니라 외려 어긋나고 어긋나서 괴로운 세상(世間ずれ)일진대, 내게 가장 쓸쓸한 장면의 하나가 여기에 있다. 인간의 정신에 관한 한 최고의 대가 두 사람은 이처럼 황홀하게 만나 금세 사제(師弟)를 이룬다. 그러나 13시간을 가득 채웠던 둘 사이의 감동과 인정은 4년, 혹은 6년을 견디지 못한 채 치명적으로 어긋난다.

'정신'이라는 우주의 기적을 품고서도 인간의 어리석음은 한량이 없다. 내남없이 애증에 먹히고, 낡은 버릇에 묶이고, 좋은 인연을 낭비한다. 대개의 호의는 지혜에 등을 돌려 차츰 선(善)에서 멀어져간다. 애증에 묶인 채 어리석어 가는 일, 그게 손쉬운 악(惡)이기 때문이다. 그러기에, 어느새 "내가 사랑했던 자리마다 모두 폐허"(「뼈아픈 후회」, 황지우)가 된다. 내가 만들어 놓은 '장소'들이 곧 나의 인생이라면, 좋은 인연을 허비하는 것, 혹은 '상추밭에 똥 싸는 것'은 정녕 무서운 일이다.

융은 동료들의 조롱에 떠밀려 프로이트의 장소로 흘러들어간 셈이었다. 인정(Anerkennung)은 그가 바라던 보상이었다. 그러나 충성은 그리 원치 않던 비용이었다. 그래도 한때 그들의 밀어(密語)는 달콤했다. 1910년 3월 2일자 편지에서 융은 이 새로운 아버지의 인정에 의지해서 충성 서약의 서명을 붙인다. "당신의 결코 흔들리지 않는 융으로부터(Your not in the least vacillating Jung)."(《The Freud/Jung Letters》, Penguin Books, 1979)

새로운 아들의 충성에 고무된 프로이트는 불과 나흘 후에 융을 '알렉산더 (대왕)'라고 부르면서 결정적인 인정의 답신을 보낸다. "안심하게 내 아들 알렉산더여. 내가 그간 경영했던 것보다 더 많은 세계를 자네가 정복할 수 있도록 하겠네(Just rest easy, dear son Alexander, I will leave you more to conquer than I myself have managed)."

어른, 어른이 되지 못하는

Parents who feel good about themselves do not have to control their adult children. But the toxic parents we've met…operate from a deep sense of dissatisfaction with their lives and a fear of abandonment. Their child's independence is like the loss of a limb to them. As the child grows older, it becomes ever more important for the parents to pull the strings that keep the child dependent. As long as toxic parents can make their son or daughter feel like a child, they can maintain control. - Susan Forward, 《Toxic Parents》

자존감이 있는 부모라면 이미 성인이 된 자신의 자식들을 통제할 필요를 느끼지

않는다. 그러나 내가 만나 본 독성의 부모들은 자신의 삶에 대한 깊은 불만, 그리고 방기될지 모른다는 공포감 속에서 행동한다. 그들에게 자식의 독립은 마치 수족이 끊기는 것과 같다. 아이가 성장해갈수록 아이가 의존적이 되게끔 조종하는 일은 그들에게는 한층 더 중요해진다. 독성의 부모들이 자신들의 아들과 딸이 아이처럼 느끼도록 할 수 있는 한, 그들은 여전히 지배권을 유지할 수 있는 것이다.

Somewhere, sometime, you were a child. This is one of the great obvious, seemingly meaningless and forgotten common denominations of adult life. Yet the fact that you were once a child has an important bearing on your life today. In trying to be adult we mistakenly try to ignore our lives as children., discount our childhood and omit it in our considerations of ourselves and others. This is a basic cause of much adult distress and unhappiness. It is a way of mistreating ourselves.
- W. Hugh Missildine, 《Your Inner Child Of The Past》

어디선가, 언젠가 당신도 아이였다. 바로 이 사실이야말로 성인의 삶에게 가장 분명하지만, 겉으로 하잘것없이 잊혀져버린 공통분모 중의 하나다. 그러나 당신도 한때 아이였다는 사실은 오늘날 당신의 삶에 중요한 관련성을 갖는다. 성인이 되려고 노력하는 중에 우리는 우리의 어린 시절을 망각하려는 실수를 범한다. 그래서

우리 자신과 타인들을 고려하는 중에도 우리의 어린 시절을 폄훼하거나 생략하는 잘못을 범하는 것이다. 이것이야말로 우리 성인들의 불만과 불행의 기본적 원인 중의 하나다. 이는 곧 우리 자신을 학대하는 것이다.

1. 돌이켜 보면, 공사간의 인간관계에서 가장 힘들고 슬펐던 게 '어른이 되지 못하(않)는 어른'과 함께 있어야 할 때였다. 나는 긴 시간 선생노릇까지 한 작자라, 이는 내 사회적 자아의 실효성에 관한 과제이기도 해서 그때마다 내 불민과 부덕을 드러내는 듯, 뼈시린 경험이었다. 이 글에는 이런 경험의 이치를 소략하게나마 정리해서 애달픈 내 자신의 앞길을 경계하고, 이런 나를 선생이라고 찾아 배우는 (더욱) 애달픈 후학들에게 노루꼬리만큼의 도움이 있기를 바라는 취지를 붙인다.

2. 어른이란, 옆 사람보다 떡을 하나 적게 먹어도 넉넉히 보아 넘길 수 있는 깜냥을 지니게 된 일을 말한다. 덧붙여, 굳이 꼬집어 말하자면, 자기에게 떡이 하나 덜 오게 된 사정에 이미 자기 자신이 '개입'하고 있었다는 사실까지 알아채는 일이겠다. 떡, 이라고 특칭했건

만, 이는 돈일 수도 있고 관심이나 인정일 수도 있다. 그러나 그 요체는 '쾌락의 지점'이다. 어른이 된다는 것은, 무엇보다 '쾌락의 지점'이 희소성의 원리에 휘말려들어 분쟁을 낳게 될 무렵, 시중(時中)을 좇아 그 분배에 슬금할 수 있는 배포를 갖는 일이다. 누구나 좋아라, 하고 쏠려가는 데가 곧 위태한 곳이며, 이곳에서 지혜를 부릴 수 있는 이가 곧 어른이다.

3. 특히 공동체의 구성에서 과도하게 인색한 사람은 이 논의에서 증후적이다. 이는 이른바 '합리적 이기심(reasonable selfishness)'을 지적하는 게 아니라, 개인적 이유를 딛고 특혜를 얻으려는 태도와 습성을 가리킨다. 이 경우에 주목할 곳은 이들이 스스로를 재현하는 방식이다. 개인차가 있어 일매지게 묶을 수 없지만, 대체로 이들은 자신을 (아직) '어른이 아닌 존재'로 표상하곤 한다. 혹은 이런저런 형식의 '(사회적) 약자성'에 의지한다고 해도 좋을 것이다. 흥미로운 점은, 이들이 이런 표상장치를 꾀바르게 오용하기도 하지만, 대개는 자신의 존재가 그 장치에 얽혀 들어있는 탓에 스스로 이 사실을 알아채지 못한다는 사실이다. 앞세운 인용문처럼 유독한(toxic) 부모가

다 큰 자식을 유치화(幼稚化, infantilization)시킴으로써 지배를 지속한다면, 공동체 속의 인색한 이들은 이런 유치화의 기제에 올라타고 어리석은(child-ish) 쾌락에 몸을 담근다.

4. 관련되는 주제로서, 식탐(食貪)은 재미있고 귀여운(?) 사례에 속한다. '어른이 될 수 없음'과 '쾌락의 지점' 사이의 관계를 이처럼 요연(瞭然)하게 밝혀주는 사례도 없겠기 때문이다. 그러므로 이는 특히 아이들 세계에서 적나라하게 드러난다. 어느 지기는 당시 서너 살이었던 아들이 제 밥을 먹는 중에 그 양이 줄어드는 것을 참지 못해 울면서 밥을 먹더라는, 사뭇 '신화적'인 얘기를 들려준 적이 있다. 그러나 식탐은 외려 어른들의 문제다. 여태 생생하게 기억되는 장면은, 음식을 앞에 두곤 일순 그 표정과 태도가 표변했던 이들이다. 배식(配食)할 때 짐승들이 보이는 모습을 영락없이 빼닮았는데, 거기에는 인간의 기원이 힐끗 드러나 있었다. 하지만 정녕 인상적이었던 것은, 잠시 '아이-짐승'으로 변해버린 이들이 그 사실을 전혀 알아차리지 못하고 있더라는 사실이다. 음식-쾌락을 넘어서야만 어른이 된다는 말이 아니다. 금욕이 아니라 절욕(節慾)이면 족하기도 하지

만, 모든 쾌락의 지점처럼, 음식도 인간의 정신적 성숙을 엿보게 하는 창구가 될 수 있다는 것이다.

5. '자라지 않는 어른'의 문제를 논의하는 방식은 여럿이나, 전술한 대로 '쾌락의 지점'을 살피는 게 요령이다. 고래로 중용(中庸)의 지혜를 하늘 아래 제일로 꼽는 것은 여기에서도 마찬가지다. 우선 쾌락에의 노출도(度)를 양극화시켜보면 그 이치의 향배가 쉽게 드러난다. 우선은 과잉한 경우다. A는 포실한 집안 출신으로 양순한 부모의 관심에 흠뻑 젖어 성장한 외동딸이었다. 내 주목을 끌게 된 것은 그녀가 동학들을 대하는 방식 때문이었는데, 손쉽게 부탁이나 요구를 남발하는 게 마치 '아씨가 하인을 부리듯' 했다. 그것도, 이미 몸에 익어 때론 해맑은 '아이'처럼 구김살조차 없어 보였다. 동학은 다만 중심에 있는 자신을 옹위-보필하는 우수리쯤으로 배치된 게 아닐까 싶었다. 번듯한 직장에다 똑똑한 편이었으며 소소한 재주도 볼만했던 A였지만, 쾌락의 지점을 설정, 배치하는 감성과 깜냥이 턱없이 부족해 보였다. 그는 성장기에 과잉한 쾌락에 독점적으로 노출되었고, 성인이 된 후에도 '이웃이라는 쾌락소비자'들과 슬금하게 어울

려 지낼 수 있는 지혜와 배포를 키울 수 없었다.

6. 다음은 쾌락에의 노출이 과소(寡少)한 경우다. 다만, 이 경우는 과잉한 경우와 달리 다소(多少)에 관한 판단이 매우 주관적일 수 있다는 점에 유의해야 한다. 항용 '남의 밥에 든 콩이 더 굵어 보이'며, '(자식은 내 자식이 커 보이고) 벼는 남의 벼가 커 보이'기 때문이다. '내 쾌락은 왜 적은가?'라는 의식은 '아이로 남아 있는 어른'의 문제를 규정하는 정식(定式)이며, 생각보다 널리 퍼져 있는 원망이다. 이는 유달리 운이 좋지도 않았고 각별한 공부의 이력을 지니지도 못한 보통사람들의 정서인 셈이다. '쾌락'의 관점에서 유치한 어른을 대별해본다면, 전술한 A나 김용옥 씨와 같은 이들은 한결같이 많은 쾌락을 독점하려는 타입인데 비해, 이 보통사람들은 늘 적었거나 혹은 빼앗겼던 쾌락을 보상받으려고 한다.

7. 이렇게 보자면, 성인의 유치함에 접근할 때에는 그 기저에 흐르고 있는 '억울함의 정서'를 세심히 살필 필요가 있다. 물론 억울함과 유치함은 어긋나는 지점이 적지 않지만, 그 교집합을 잘 헤아리는

게 분석의 첫걸음이 된다. 다만, 쾌락의 과소에 대한 판단이 주관적인 것처럼, 이 억울함의 정당성은 일단 논외로 쳐야 한다. 대개 개인의 행위는 객관적 정당성(Gerechtigkeit)과 무관하게 주관적 정당화(Rechtfertigung)에 의해 이루어지기 때문이다. 내가 보기에, '(정신/영혼이) 자라지 않는 어른'이라는 과제에서 주관적 억울함의 문제가 차지하는 비중은 독특하다. 우선 이 문제가 광범위하게 복류하고 있지만 흔히 은폐되거나 증상적으로 변질된 채 유통된다는 점에서 그러하다. 하지만 정작 이 문제의 심각성은 그 영향이 심리에서 그치는 게 아니라 이른바 '존재'론적 차원으로까지 뿌리를 내린다는 점에서 찾아야 한다. 이런 뜻에서 억울함의 긴 터널을 넘어 되돌아갈 수 없는 하얀 의욕을 얻는 일은 인문학적 성숙의 알천이 아닐 수 없다. 과연 불천노(不遷怒)의 지혜는 여기에서 멀지 않다.

8. B는 젊은 엄마였고, 당시 강의의 외부 청강생 중 한 사람이었다. 벌이가 좋은 남편에 학력도 높아 유치원을 다니고 있는 외동딸의 교육에도 열심이었다. 열심을 부리는 것은 여느 엄마와 대차가 없어 보였다. 하지만 그 열성을 들씌우고 있는 게 웬만한 초조함이 아니라 '

독단적 냉엄'이라는 점에서 유달랐다. 자신이 정한 원칙에 완벽주의적으로 집착해서, 다섯 살 먹은 딸아이를 매사에 잡도리했다. 그러나 여기까지만 해도 별스러운 풍경은 아니었다. '모방적 경쟁관계'(르네 지라르) 속에서 집단적으로 쏠려 살아갈 수밖에 없는 체계가 우리들의 현실이기 때문이다. 흥미로웠던 점은 오히려 B가 딸을 기율하던 원칙이 꽤나 변덕스러웠다는 사실이었으며, 특히 그 '변덕'의 방식이 B 자신의 문제를 증상적으로 미봉하거나 호도(糊塗)하는 데 동원되었으리라는 추정 때문이었다. 그러다가 B가 딸아이의 유치원 친구들에게 욕을 하거나 가벼운 손찌검을 했다는 소문이 구설수에 올라 유치원을 옮겨야 했던 사건이 있었는데, 나는 이 일을 계기로 상담에 응하게 되었고 곧 B의 '증상'에 접근할 수 있었다. …(중략)… 교실 내에서 겪은 B는 똑똑하고 합리적이었으며, 언사가 직설적인 편이었으나 거칠진 않았다. 그러나 자신의 딸을 포함해 아이들에 대해서는 이상하리만치 삼엄했으며, 신경질적으로 불뚝성을 내곤 했다. 대화가 이어지고 B의 이력이 드러남에 따라 B가 '마음속 과거의 아이(inner child of the past)'(b)에 집착하고 있다는 사실에 눈길이 갔다. 주변에 있는 현실 속의 아이들은 죄다 이 과거의 아이와 비교

당했고, 자신의 딸조차 예외가 아니었다. 그때마다 B는 여전히 자라지 못한 채 남아 있는 자신의 어린 자아(b)에게 과도한 연민을 베풀며 애착했다. 이 애착의 바깥은 또래의 아이들을 향한 삼엄한 기율로 구체화되었다. 그러나 그 기율의 속내는 어른이 되기를 거부하고 있는 부끄러운 질투였다. B가 유독 '아이'들에게 질투한다는 사실은 치료가 필요할 만치 증상적이었다. 그러나 정확히 말하자면, 그 질투의 주체는 B가 아니라, 성숙하고 변화하기를 거부한 채 아직도 억울해하고 있는 그 옛날의 아이(b)였다.

9. 억울한 일을 당했으면 마땅히 억울해할 수 있다. 더 나아가 가급적 객관적 사실에 터해서 해원(解寃)을 모색해야 한다. 문제는 '증상화(Symptombildung)'라는 이름의 미봉이다. 잘 알려진 대로, 증상이란 대개 '억압된 것의 회귀(Widerkehr des Verdrängten)'(프로이트)라는 형식을 통해, 과거의 것이 변형-왜곡된 채 현실 속에서 '타협적 형성(Ersatzungsbildung)'에 이르게 된 것이다. 이런 식으로 단순화해서 보자면, '어른이 되지 못한 어른'은 제 속에 아이 한 사람을 품고 있는 셈이며, 늦게사 회귀한 이 아이는 증상이라는 타협을 통

해 제 이야기를 풀어내게 된다. 증상이라는 타협, 혹은 보충은 인간이라는 정신의 중층성에 비춰볼 때 차라리 당연한 것이다. 그러므로 증상의 복합성은 외려 인간의 복합성을 잘 드러내는 자리일 수밖에 없다. 문제는 이 증상적 타협이 부정적으로 흐를 때다.

10. '증상의 부정적 타협'에 대처하는 노력과 지혜는 인간의 성숙을 도모하려는 인문학적 실천에서 중요한 과제다. 자아는 무엇보다도 증상의 덩어리이기 때문이며, 증상은 어떤 식이든 현실과의 타협에 의해 발화하기 때문이다. 그러므로 타협 그 자체는 인간됨의 조건-한계일 뿐으로 별 문제가 아니다. 심지어 동서고금을 막론하고 사람살이의 지혜란 타협의 기술이기도 하다. 문제는, '증상적 타협이 부정적으로 흐를 때'에 생긴다. 이 부정성이란, 거칠게 말해 스스로 어리석어 가면서 이웃을 해코지하는 것이다. 증상의 부정적 타협 중에서도 '자라지 않는 어른'이라는 주제와 관련해 주목을 끄는 것은 '질투'다. 질투는 앞서 지목한 인색함, 쾌락에의 과소(과다)노출, 그리고 억울함 등의 문제와 빠짐없이 관련될 뿐 아니라, 사회적 약자인 아이(미성숙)의 표징적 태도이기 때문이다.

11. 어느 아이가 연신 부스대거나 도지개를 틀면서 잠시를 집중하지 못한다면 그리 이상할 노릇이 아니다. 아이는 워낙 그렇기 때문이다. 그러나 그 주체가 어른이라면 조금 달리 평가해야 한다. '고장'이 의심스럽기 때문이다. 사실 하이데거의 비판처럼 생활 속의 모든 게 '테크놀로지의 관련점 속으로 수렴된 일'을 상기하자면, 이른바 주의집중장애(attention deficit disorder)가 단지 아이들만의 문제랄 수도 없을 것이다. 마찬가지로 쾌락의 다소에 대한 비교적 판단과 이에 따른 감정적 몰입(질투)은 이미 아이들만의 문제가 아니다. 이것은 어른스러운 아이가 있다거나 특별히 아이 같은 어른이 있다거나 하는 지적으로 끝낼 일도 아니다. '공부'하고 이해하며 도우려고 하기보다 현상태를 고집하면서 사랑받고 이해를 구하려 하는 태도에, 그리고 여기에 스며들 수밖에 없는 정서의 울체(鬱滯)에 주목해야 한다. 이와 더불어, 현실적으로 아이가 아니면서도 아이의 상태로 미끌어져 내리게 되는 '구조와 개인의 합체'(부르디외)를 살필 필요가 있다.

12. 질투는 전형적인 양가감정(ambivalence)이다. 애증(愛憎)이라는 정서의 초보에서부터 내적으로 어긋나고 있는 꼴이다. 이것은 유

아기적 정서의 반복이라는 점에서는 전이(Übertragung)와 닮았다. 전이는 대개의 경우 전이-저항(Übertragungswiderstand)이기 때문이다. 인간은, 오이디푸스가 라이오스를 죽일 때에 돌보지 못한 정서인 '전이'와 이오카스테와 혼인할 때 제대로 챙기지 못한 정서인 '저항' 사이의 모순을 한 품에 안고 살아갈 수밖에 없는 존재다. 양가감정과 같이 중층결정된 (불안정한) 정서를 (안정적으로) 내재화한 것은 일면 인간 정신이 이룩한 성취이기도 하지만 동시에 화약을 안고 부엌에 들어가는 것처럼 아슬아슬한 노릇이기도 하다. 우선 질투의 메커니즘을 진화론적으로 전제해서 관련 논의의 배경으로 삼아 불필요한 '몰(沒)역사적 풍경화'를 배제할 필요가 있다. 물론 질투가 오로지 인간만의 현상은 아니지만 인간에게 특유한 현상으로 특칭해도 좋을 만치 널리 퍼져 있는 것은 분명하다. 이 현상은 인간의 생활세계가 복잡해짐에 따라 인간의 심리도 더불어 번요(煩擾)해진 것에 일부 빚지고 있다. 잘라 말하자면 문명화된 인간의 심리는 이른바 '범신경증화(pan-neuroticization)'에 상시로 노출되어 있는데, 질투가 특히 취약해 보인다. 내가 긴 세월 '질투 없이'라는 화두를 공부자리의 시금석처럼 놓아두고 경계한 이유도 여기에 있다.

13. 질투라는 '인간적인, 너무나 인간적인' 현상의 분기점이 된 것은 교미(交尾)의 단순행동으로부터 어긋나며 연정이 생성되기 시작한 사건일 것이다. 발정에 의해 교미가 이루어지고 이로써 종의 번식과 유전자의 전달이 계속되는 일은 무릇 모든 생명체 개체의 존재근거(raison d'être)임에 틀림없다. 하지만 사람은 늘 '잉여와 초월의 실존'의 길을 걸어왔다. 연정의 기초 형식인 그리움, 기다림, 연기(延期), 그리고 과잉의 제스처는 일견 낭비이자 생물학적 순리를 거스르는 도착(倒錯)이지만, 인간은 진보인 듯 혹은 운명인 듯 오이디푸스처럼 모순된 길을 걸어왔다. 잉여와 초월의 실존적 삶을 좇아 교미라는 단순편리한 골목길을 연정이라는 복잡번요한 미로(迷路)로 바꾸어 놓은 것이다. 발정-교미-생식(生殖)이라는 짧고 확실한 과정을 대신한 연정과 동거라는 길고 불확실한 길은, 한편 인간의 문명문화적 성취가 온새미로 들어선 역사를 품고 있으면서도, 동시에 교미/성행위의 앞뒤에서 불안정하게 흔들릴 수밖에 없는 정서적 진폭에 어렵사리 대처해야만 하는 과제를 안게 되었다. 말하자면 질투, 혹은 이와 유사한 양가감정에 상시로 노출되게 된 것이다.

리비도의 고착에 물린 채로 질투를 반복하는 연인들의 유치한 행태는 비유하자면 '문인상경(文人相輕)'의 악습을 방불케 한다. 다른 글에서 이미 논급한 바 있지만, 글과 말로 살아가는 이들이 서로 어울리고 경쟁하는 꼴이란 게 대체로 언거번거한 변명과 두루뭉술한 비평 일변도로 흘러, 가령 진검승부의 무사들이라면 열 번 스무 번이나 죽어 마땅할 자리에서도 이 문사들은 좀비처럼 되살아나서 또 입을 벌리고 또 글을 쓴다. 나는 이런 좀비스러운 문사의 꼴이 묘하게 '연인상경(戀人相輕)'의 대표적 행태인 질투를 빼닮았다고 생각해왔다. '죽지 않고 끝까지 살아남은 채 스스로 어리석어가며 남을 해꼬지하는 글/말'은 역시 '죽지 않고 끝까지 살아남은 채 스스로 어리석어가며 남을 해꼬지하는 질투'와 쌍생아의 관계처럼 보이는 것이다.

질투는 그저 아이처럼 유치한 행동을 널어놓거나 개인들 사이의 몰풍경으로만 끝나는 게 아니다. '모르는 게 부처(약)(知らぬが仏)'라고들 속없이 말하지만, 속의 억울함과 밖을 향한 질투를 방치한 채로는 도통 부처의 길을 상상할 수조차도 없다. 다시, 문제는 '쾌락의 지점'이 희소성의 원리에 휘말려들어 분쟁을 낳게 될 때다. 질투

가 생성되는 지점은 다름 아니라 쾌락이 생성되는 지점이기 때문이다. 물론 세속적 쾌락의 양(量)과 기회, 그리고 순도(純度)에서의 불공평은 이미 어쩔 수 없다. 게다가 슬금하게 어울리면서 배분적 중도(中道)에 접근하려는 실천적 노력조차 찾아보기가 어렵다. 이에 대한 극명한 사례가 이른바 '희생양 논리'일 것이다. 쾌락의 지점에 근접해 있는 주체(쾌락소비자)들은 응당 쾌락의 대상을 놓고 경쟁 관계에 들어서게 된다. 이 경쟁의 구조에는 개인의 선호나 판단마저 넘어서는 면이 있다. 다만 여기에서 유의해야 할 대목은, 이들이 반드시 대상의 쾌락가치를 손에 잡을 듯 '의식'하고 있지는 않을 수도 있다는 것이다. 그러니까, 쾌락의 희소함이 경쟁을 유발하기도 하지만, 실은 경쟁의 상태 그 자체가 쾌락의 메커니즘을 가속시킨다. 쾌락의 대상을 앞두고 있는 군중은 대체로 그 쾌락의 분배에 대해서 합리적으로 토론하거나 민주적으로 결정하지 못한다. 쾌락은 그 쾌락도(度)가 높을수록 독점에 의해서 그 쾌락의 질(質)을 유지하거나 보증받기 때문이다. 희생양의 논리에 따르면, 개인이 독점할 수 없는 쾌락의 대상은 전체의 희생양으로 일거에 변성(變成)한다. 르네 지라르의 유명한 명제처럼 '욕망의 대상에 대해서는 합의하기가 불가능하지만 희생양에 대해서는 그 증오의 합의가 쉽'기 때문이다.

이 증오의 합의가 향하는 희생양은 대체로 '(남몰래) 즐긴다고 가정(假定)된 주체'가 된다. 예를 들어 한국사회에서 지역감정의 대명사처럼처럼 오용/과용되었던 '전라도'는 단지 정치이데올로기적 편견의 산물만이 아니다. 명백히 전라도는 흑인이나 마녀의 경우와 같이 '(남몰래) 즐긴다고 가정(假定)된 주체'로 기능(당)해 왔다. 이 지적은 문벌주의(門閥主義) 가부장제의 아성으로 군림해온 경상도와 비교할 때 특별히 적절한 비평으로 여겨진다. 음식은 맛이 없고, 말은 어눌하며, 소리문화의 전통마저 빈약한 경상도이지만, 문자적-항문애적 계몽주의의 전통으로는 언제나 수위권을 놓지 않았다. '조선 선비의 반 이상은 영남출신'이라던 자존심은 과거제도가 공식적으로 폐지된 뒤에도 이러저러하게 변형된 채 연면하게 이어져온 것이다. 이와 대비시켜 볼 때 '맛있는 전라도' 혹은 '소리 잘 하고 잘 노는 전라도'의 이면에 놓인 정서는 '음탕한 전라도'라는 관료주의적 색안경이다. (물론 인간의 세상 속에서 언제나 가장 음탕한 영역은 관료주의의 그늘이었지만 말이다.)

'남몰래 즐긴다고 가정된 주체'의 종류는 많다. 그중에서도 역시 대표적인 게 여자와 유태인일 것이다. 역사 이래로 여자와 유태인의 음탕함에 대한 소문은 끝이 없었다. 이런 식의 비난어린 소문은 대개 질투의 쏠림 현상과 맞물려 생성, 유포되는 법이다. 그리고 질투가 전염되기 위해서라도 '남몰래 즐긴다.'는 의혹이 여기저기 저녁 연무처럼 흘러 다니는 게 중요하다. 흥미로운 타자의 우선적인 조건이란, '그(녀)는 남모르는 쾌락의 지점에 근접해있다.'는 소문이기 때문이다. 애초에 이 의혹이 생성되는 바탕은, 사회적으로 소외당한 자 — 여자, 흑인, 유태인, 중세의 마녀, 과거의 독신자 등등 — 들이 몰락하기는커녕 자기 나름의 생활방식을 유지하면서 '남모르는 공동체'를 검질기게 이어나갔기 때문이다. 질투는 산드러지게, 혹은 당당히 살아가는 타인들의 모습에 부정적으로 개입하려는 매우 유치한 욕망이므로, 그 뿌리가 일상 속에 만연해있을 수밖에 없다.

14. C는 과년한 나이의 아가씨로 내 강의의 수강생이었는데, 학우(D) 한 사람에 집착하고 있었다. 스토킹(stalking)이랄 만치 일방적인 구애였다. 둘은 같은 세미나에 속했으므로 눈에 띄었고, 우연찮

게 D의 하소연을 듣게 되면서 내 관심과 근심을 얻게 되었다. D는 다짐을 두듯 여러 차례 제 의사표명을 확실히 했지만, C의 공세는 그치지 않았다. C는 이미 비슷한 전력이 몇 차례 있었으며, 실은 D를 쫓아다니다가 대학까지 바꾸어 내 세미나에 들어왔을 정도로 막무가내였다. 그러나 C의 막무가내(莫無可奈) '공세'는 그 성격이 묘했다. 간단히 요약하자면, C가 D를 향해 수년 간 일관되게 취한 태도는 '너, 나를 사랑해야만 해! 아니면 죽어!'(a)가 아니었다. 그렇다고, '나, 너를 사랑해, 받아줘!'(b)는 더욱 아니었다. D의 말을 듣고 대략 파악할 수 있었던 C의 운신은 '너, 이미/늘 나를 사랑하고 있는 거야', 혹은 '나를 사랑하지 않을 수는 없어…어떻게 그게 가능하지?'(c)와 같은 쪽이었다. 이런 정신상태(mentalité)를 드러내는 사례는 적지 않았다. 가령 C는 반응이 없는 D를 향해 구애하려고 '노력'하는 타입이 전혀 아니었다. 오히려 상대인 D가 자신을 사랑해야 한다는, 사랑할 수밖에 없다는 사적 믿음을 확신했고, 이를 '확인'하려는 식으로만 움직였다. 예를 들어 C는 일방적으로 구애하던 주제인데도 무슨 계기나 절기 때마다 D에게 선물을 요구하곤 했다는 것이다. D가 어떻게 반응하든 C의 환상은 붙박이처럼 흔들리지 않았다.

이 환상은 비현실적 자기표상(Selbst-Vorstellung)에 의해 생성된 것으로 필경 자기변화의 고통이 없이는 부서지지 않을 성질의 것이었다. 기실 환상이 현실을 체계적으로 밀어내거나 사실이 반증가능성(falsifiability)의 벽을 넘어서지 못하는 일련의 현상은 종교와 사랑의 영역에서 흔히 볼 수 있다. 광신(狂信)이 신에 의해서 사랑받을 수밖에 없는 환상적 주체의 이데올로기인 것처럼, 광애(狂愛) 역시 너에 의해서 사랑받을 수밖에 없는 환상적 주체에 의해서 유지된다. 여기에서의 공통분모도 역시 일종의 유치증(幼稚症)이다. 나는 여전히 사랑과 돌봄과 이해를 받아야(만) 하는 아이로, 관계와 성숙의 세속적 비용을 면제받는 아이로 남아 있게 된다. 고치(cocoon) 속의 삶은 순간-순간-순간 아늑하고 편안하다. 그러나 스스로 고린 내가 나고 이웃에게 쉼 없이 폐를 끼친다.

사이코패스와 장인匠人, '남모르는 쾌락'에 대하여

'사람은 (외려) 그 장점 탓에 죽는 사람이 적지 않다(人者寡不死其所長).'(墨子)고 하듯, 장단의 조화는 외눈의 짧은 공부로 쉽게 알아챌 수 없다. 역시 여기에서도 시중(時中)이 요령이겠다. 그러므로 새벽 호랑이를 만난 사람처럼 욕망의 대상으로부터 줄행랑을 놓으란 말이 아니라, '대상을 적절히 선용하라(善假於物).'는 것이다. '대상에 끄들리면(役於物)' 소인이요, 한끝의 자리를 옮겨 '대상을 활용하면(役物)' 군자라고 했다.

사이코패스(psychopath)는 심심하다. 그는 심심한 주체(subject of boredom)이다. 그것도 사뭇 '절실'하게 심심한 편인데, 그것은 자신의 삶을 지남(指南)해줄 존재론적 지향성이 박약하기 때문이다. 흔한 말로 고쳐 말하자면 인생의 현실적 장기계획(realistic long-term goals)이 없다. 그러므로 그의 호기심이 차츰 기괴해지는 것은 당연하다. 이 호승심, 호기심의 주체(subject of curiosity)는 자신의 따분함을 일소하기 위해 언제나 자극을, 그것도 자극의 내생적 메커니즘에 추동된 더 강한 자극을 구한다. 그는 자극의 주체(subject of stimulation)인 것이다.

그러나 이 심심한 주체가 호기심을 타고 자극을 사냥하는 방식에는 묘한 양가성이 얽혀 있다. 이 '사냥'은 연쇄살인에서부터 습관적 차전(借錢)에 이르기까지 다양하지만, 대체로 교활할 만치 계산적으로 운용된다. 미국의 경우이긴 해도 사이코패스-연쇄살인범의 다수가 고학력인데다 평균 이상의 지능을 보인다는 통계가 이 점에서 시사적이다. 이런 종류의 계산성(calculative-ness)은 조작성(manipulativeness)과 바로 이어진다. 조작성은 사이코패스의 중요한 특성 중의 하나인데, 또 다른 특성인 '감정이입(empathy)의 부재/불능'과 짝패를 이룬다. 앞서 말한 양가성이란, 사이코패스에게 특징적인 충동성(impulsiveness)의 배치에 관한 문제를 가리킨다. 계산적이며 교활한 속성의 이면에는 행동조절에 장애가 있을 만치 충동적이기 때문이다. 그러나 '관료주의적 음탕'의 경우와 같이 '충동적인 교활'도 엄연한 인간의 현실이다.

장인(匠人)은 대체로 심심하지 않다. 물론 번한(繁閑)의 교차는 생활 속의 그 누구에게나 왔다 갔다 하는 법이고, 장인이라고 뾰족한 묘수가 있을 리 없다. 그러나 권태라는 일상의 외부를 암(癌)처럼 달고 다니는 사이코패스와는 아주 다르다. 사이코패스가 권태라는 외부를 처리하기 위해 생활과 인간관계의 내부로 ('기획적'으로) 들어간다면, 장인에게는 생활의 내부와 외부가 분립되어 있지 않다. 장인의 쾌락이 노동에 의해 가능해지는 이 내외(內外)의 '일치'에서 유래하는 반면, 사이코패스의 쾌락은 완전한 분립, 완전한 이중성에서 성립한다. 그러므로 사이코패스의 쾌락이 별스러운 '자극'에 의해 유도되는 반면, 장인의 쾌락은 오히려 노동의 반복이 지속적으로 드러내는 새로운 '일상'에 있다.

한편 조작성은 장인의 기량 속에서도 현저하게 드러난다. 물화(Verdinglichung)시켜 임의로 조작하는 사이코패스의 기능이 감정이입의 부재와 관련되지만, 장인의 경우에는 꼭 그렇지 않다. 그러나 기존의 도덕 혹은 심지어 인명(人命)까지 무시하면서 재능의 완성을 위해 헌신하는 장인의 모습은 사이코패스의 조작성과 위태롭게 겹치기도 한다. '미쳐야 미친다(狂則達)'고 하는 것처럼, 강한 사이코패스와 견주어도 어금지금할 정도의 조작성을 갖추지 않고서는 무엇이든 대단한 장인적 성취를 꿈꿀 수 없는 게 사실이다. '장인'의 개념에 꼭 부합하진 않지만, 예를 들어 그 직업적 실효성이 높은 검사(檢事)나 의사의 경우에도 대상(피고인이나 환자)을 인정사정없이 물화시켜 기능주의적 조작성을 높일 수 있는 역량이 우선적으로 주효할 수밖에 없다. 조작성의 가치는 양날의 칼처럼 이중적이며, 접근방식은 다양할 수 있다. 거듭 말하지만, 사람은 그 장점 탓에 죽기도 하고, 그 약점 덕에 살기도 하는 법이기 때문이다. 그러므로 일부의 사이코패스들에게는 장인적 소질이 꿈틀거리고 있고, 일부의 장인들은 노골적인 사이코패스적 소인을 보인다. 조작성이라는 특성에 의해 사이코패스와 장인은 기묘하게 결합하거나 아슬아슬하게 헤어지는 것이다. 윤리성은 이 '사이'를 유심히 헤아리는 일이지만, 윤리의 시선으로만 조작성을 비평해서는 곤란하다.

조작(가능)성의 쾌락은 극히 인간적이다. 이런 점에서는 모방(mimesis)의 쾌락, 혹은 그 이중성과 흡사하다. 또한 그것은 (역설적으로) 조작적 이성(die instrumentelle Vernunft)의 성립과 동시적이다. 도구적 이성을 일방적으로 타매했던 비판적 이성(die kritische Vernunft)조차 실은 조작(가능)성의 정신진화론적 토대 위에서만 기능할 수 있을 뿐이다. 조작성의 가치는 마치 공부길의 틀(schema/frame)처럼 활살(活殺)의 양날로 나뉘어져 있는데, 겪지 않으면 어둡고(罔), 겪어'내지' 않으면 막혀 통하지 못하게(窒) 된다. 중용에 터할 수밖에 없는 인간의 이치(人紋)에는 죄다 그런 점이 있지만, 특히 물화(物化)의 이중적 가치가 이것을 예시한다. 물화 그 자체를 악(惡)처럼 여기는 시중의 유행은 외눈박이 편견이다. 문명의 토대가 물화이며, 사랑의 조건은 물화라는 한계이고, 거래와 이론의 구성도 물화에 의존하고 있으며, 신화와 종교적 힘도 물화의 상상력에 터해 있다. 장단점을 외눈의 잣대 속에 박아 놓고선 사람살이의 이치를 제대로 건져낼 수 없는 것은, 물화나 조작(가능)성의 경우에도 다를 바 없다. 시중의 겹눈을 통해 강약과 장단의 화(和)를 얻을 수 있어야 하건만, 대체로 한 가지로 극(極)에 치우치거나 중(中)에 머물러 있을 뿐이다.

조작(가능)성의 쾌락을 극히 인간적이라 평하는 것은, 인생이 그 근본에서 '조작할 수 없는 어긋남'이기 때문이다. (과거, 내가 공동체 운동을 지향하면서 어울려 공부했을 때에는, 인문학적 실천을 '어긋냄'으로 결절시켜 이로써 이 어긋남보다 한 걸음 앞서 나가면서 더불어 현명해지고자 애썼다.) 정신과 손이 함께 정교하고 민활해지는 대로 차츰 그 조작성은 높아질 수밖에 없는데, 이로써 인간은 '세속이라는 어긋남(世間ずれ)'에 저항할 수 있는 기초적 역량을 얻게 되는 셈이다. (이에 더해, 유전학과 나노과학과 로봇공학 등을 활용해서, 정신과 육체를 대체하거나 합체할 수 있는 각종의 기술적 발명품들이 줄을 잇고 있는 일련의 현상도 결국 이 어긋남과 싸워 인간

적 영역을 공고하게 확장하려는 '조작성의 혁명'이 아닐 수 없다. 이 혁명의 귀추가 주목을 끄는 이유는, 인간이라는 전무한 정신적 존재가 밟고 이룩해온 진화적 노정에 더 이상의 중요한 변수가 없을 것이기 때문이다.) 당연하게도, 이런 인간적 역량으로써 세속의 우발성을 묶어놓을 수는 없다. 대신 자신의 욕망이나 역량에 알맞은 대상과 영역을 세밀하게 선택함으로써, 그 어긋남을 줄이고 조작가능성에 터한 자신의 '자유'를 넓히려는 것이다. 거칠게 뭉뚱거리자면, 남사고(南師古, 1509~1571)의 점술도, 추사의 서예도, 김연아의 연기도 개인의 솜씨를 매개로 좁은 문처럼 열리는 자유의 문제이며, 심지어 테드 번디(Theodore R. Bundy, 1946~1989)와 같은 연쇄 살인범의 행각도 죄다 (왜곡된) 자유의 확장과 관련된다. (그러므로 자유 그 자체보다 자유의 성격이 극히 중요해지며, 더불어 이를 구체화할 정치사회적 맥락, 타인들과의 사이에서 그 자유를 배분할 실천적 지혜가 초점이 된다.)

결국 조작가능성의 쾌락은 (어떤) 자유의 확장에 따른 부산물처럼 보인다. 물론 이 자유는 주체의 역능에 조응하는 일방적인 것, 또

한 다분히 사적인 것이다. 따라서 자신의 기능과 조작가능성의 역량이 높아짐에 따라 생기는 자유의 자리가 지혜로운 것인가, 혹은 공공의 유익에 이바지할 수 있는 것인가, 하는 등의 문제는 아쉽지만 이차적이다. 아무튼 이 이치는 내게 있어 매우 오래된 지론이기도 한데, 내게 관심 있는 자유는 오직 인간의 '역능(力能)'을 매개로 가능해지는 종류뿐이기 때문이다. 정치적, 제도적 구속으로부터의 해방이 극히 중요하지만 흥미롭지 않은 주제인 반면, 인간의 몸과 생각(말)으로부터의 자유는 대부분의 사람들에게는 그리 중요하지 않겠지만 매우 흥미로운 인문학적 토픽이 아닐 수 없다. 그 요점이란, 한일(閒逸)의 세계에는 자유라는 게 없으며, 마찬가지로 자연은 자유와는 완전히 별개의 영역이라는 데 있다. 그러므로 내가 뜻하는 자유는 고도의 장인적 성취 속에서 가능해지는 조작가능성의 정점에서 잠시 열리는 쪽문의 바람과도 같은 것이다. 그리고 이 바람의 맛은 대체로 사적이며 중성적이다.

범죄로 치닫는 사이코패스에게 있어서 조작가능성의 쾌락은 주권자 연(然)하는 행세의 내밀한 에너지다. 이런 점에서 조작가능성은 실로 창조에 버금가는 쾌락이다. 그러므로 특별히 조작적 기능성이 탁월한 의사들 중의 일부에게서 '신 콤플렉스(god complex)'가 나타나는 것은 당연해 보이며, 이른바 생체권력의 논의에서 의사가 특별한 위상을 점하고 있는 것도 별스럽지 않다. (아감벤 등의 생각에 따라) 법질서의 내부와 외부에 동시에 걸쳐 있으면서 '생명정치적 신체'를 자의로 생산할 수 있는 존재가 '주권자'일 경우, 사이코패스-킬러의 존재와 그 파괴적 지향은 그 완벽한 이면을 표상하고 있다. 조작가능성의 정점에 있는 쾌락이 곧 사람의 생사를 좌우하는 데에 이를 것이기 때문이다. 콜롬비아인 로페즈(Pedro Alonso López, 1948~?)는 최소한 200명 이상의 어린 소녀들을 강간, 살해한 사상 최악의 연쇄살인범이다. 그는 죽어가는 피해자의 눈을 응시하는 것을 철칙으로 삼아 즐겼는데, 눈을 볼 수 없는 밤에는 '낭비이기 때문에' 범죄를 삼갔다고 한다. '꿩 대신 닭'이라고, 창조의 권능에는 미치지 못하지만, 이들 조작의 천재들은 파괴의 권능으로써 이 내밀한 쾌락에 도전한다. 다시 여기에서도 의사들은 특이한 비식별역(域)을 점유하고 있는데, 이들의 생명정치적 권력은 신체의 '생산'과 함께 '폐기'도 주관하려고 하기 때문이다. 의사, 혹은 간호사들이 자신의 전문적 조작성을 악용해서 환자들을 폐기(살해)한 수는 그 행위의 성격상 정확하게 파악할 수 없다. 알려진 것은 그야말로 빙산의 일각일 것이다. 영국인 의사 시프먼(Harold Shipman, 1946~2004)은 환자 15명을 죽인 죄로 종신형을 받았지만, 그가 실제 죽인 환자는 250명에 이를 것으로 추정된다. 또 다른 영국인 의사 아담스(John Bodkin Adams, 1899~1983)는 160명 정도의 환자를 살해했고, 러시아인 의사 페트로프(Maxim Petrov, 1965~1992)는 12명의 환자를, 미국인 의사 하비(Donald Harvey, 1952~2017)는 87명의 환자를 죽였다. 미국인 간호사 토펀(Jane Toppan, 1857~1938)은 31명의 환자를 독살했으며, 이탈리아인 간호사 뽀쟈리(Daniela Poggiali)는 38명의 환자를 죽였다. 덤으로, 오늘(2017년 8월 28일)자 뉴스에 따르면, 이미 2년 전에 치명적 약물을 사용해서 환자들을 살해한 혐의로 종신형을 치르고 있는 독일 간호사인 회겔(Niels Hoegel)이 재수사의 결과 최소한 90명의 환자를 독살했다는 증거를 확보했다고 한다.

사이코패스를 추동하는 지배조작적 욕망은 사람이든 대상이든 자신의 이기적 목적을 위해 매우 적극적으로 물화시킨다. 물론 이런 종류의 물화는 거듭된 노동을 통한 자기정화와 초월의 길이 아니다. 이를 위해서는 유리한 기능들을 전술적으로 동원하곤 하는데, 피상적으로는 매력적으로 보이기도 해서 수중에 드는 대상들을 조작하는 데에 매우 효과적이다. 특히 '(병리적) 거짓말(pathological lying)'은 이 점에서 독특하다. 이런 식의 거짓말은, 건물에 비유하자면 여기저기에 생긴 누수(漏水)를 잡고자 그때그때 행하는 땜질이 아니라 (기이하게도) 건물 전체가 오직 땜질로만 구축되어 있는 셈이다. 하지만 거짓말로 집을 짓는 게 말처럼 쉽지 않아, 여기에도 만만치 않은 솜씨가 든다. 물론 개인개인의 차이를 구체적으로 고려해야 하겠지만, 강성의 사이코패스들에게서 달변을 곁들인 피상적 매력이 돋보인다는 보고는 잦다. 게다가 이들의 자아가 쉽게 과대망상(grandiose delusion)에 빠지곤 하는 점도 미봉적으로나마 이들의 '솜씨'에 이바지한다. 최종적으로, 거짓의 집으로 완성되는 이 피상적 매력의 효용은 필경 양심과 죄의식의 결핍이라는 이들의 가장 중요한 특성에 의해 단단히 뒷받침된다.

졸부의 세상

졸부(猝富)란 말 그대로 졸연간에 부자가 된 일이나 그런 사람을 뜻한다. 그러나 그 요지는 '갑작스러움(猝)'에 있지 않다. 사람이 시간에 슬기로워서 시중(時中)을 가릴 수만 있다면, 졸취(猝取)나 만득(晩得)이나 그리 큰 차이가 아니다. 복권으로 인해 슬기로운 자가 있던가, 3대의 재벌로 어진 자가 있던가. 중요한 것은 재부(財富) 자체가 아니라, 그 안팎에서 드러나(야하)는 사람의 얼굴과 영혼이기 때문이다.

졸부의 요점은 물(物)스러운 것들이 사람을 분류하고 지배한다는 데 있다. 사람의 '크기'란 게 고작 물건들의 기능을 중계하는 효용에 의해 평가되는 현상을 가리킨다. 요컨대 사람이 보이지 않는다는 게 졸부의 형식이다. 돈이 사뭇 넘칠라치면, 노릇이 좀 커질라치면, 이런저런 유행이 돋을라치면, 정보와 이론을 수합(收合)할 수 있을라치면, 혹은 흥미로운 기계나 물건이 유통될라치면, 금세 인간이 보이지 않게 되는 형식.

탕자의 자리, 빗금의 존재: 도착증에 관한 단상

정신분석적으로 소박하게 대별하자면 세속에는 세 놈이 있다. 미친놈, 착한 놈, 그리고 이상한 놈, 이다. 이상한 놈이 반드시 '나쁜' 놈이 아니라는 데에 이해의 요령이 있긴 하다. 이, 반드시 나쁘지는 않은, 이상한 놈을 보통 '탕자(蕩子)'라고 부른다. 미친놈은 제 집이 없는 경우이며, 착한 놈은 한 집의 효자-붙박이로 살아가지만, 탕자는 제 나름의 배회를 거치면서 이곳저곳에 (이상한) 제 집을 짓고자 애쓴다. 물론 이 세 유형은 정신의 임상구조적 알레고리다. 탕자의 행태를 '도착적(perversive, fetishistical)이라고 하는 데에서 알 수 있듯이 일부 운 좋은 탕자들은 매우 창의적인 인간으로 거듭난다. 미친 놈은 안정적 상징화를 거치지 못한 채로 제 집이 없이 뱅뱅 돌아다니기 때문에, 이를 '원(圓)'으로 표상할 수 있다. 출구가 없는 폐곡선이다. 착한 놈은 제 스스로의 성실과 열심 속에서 점(點)이나 '직선'을 이룬다. 그러나 이상한 놈은 언제나, 자신도 모르게 '빗금'을 그리고 있는 것이다.

상처의 절망

Magst du andre nicht verletzen, lern' in andre dich versetzen. - **독일속담**

타인에게 상처를 주고 싶지 않다면 그의 입장에 서 보는 법을 배우라.

나는 이런저런 기회에 상처받은 사람들을 적지 않게 만났다. 주로 공부자리의 안팎이었다. 그래서 그들의 상처도 어떤 식이든 공부와 구성적으로 연루하였으리라고 짐작하기도 했지만, 사정은 전혀 그렇지 않았다. 실은 그게 내겐 가장 놀라운 사실이었다. 은폐된 상처의 만연(蔓延)에도, 그 어떤 상처도 공부를 위해서, 공부를 통해서,

공부를 향해서 생성된 것이 아니라는 사실, 말이다. 나 역시 불초하여 그 절망적인 사실을 소리 없이 삼키고 말았지만, 나는 다시 한 번 그 절망의 상처 속에서 상처의 절망을 보아야만 하였으니, 내게 있어 사람은 여전한 절망이었다. 상처, 속에서라면 희망을 읽을 수 있어야 하지 않겠는가, 라고 믿었던 미욱한 내게.

거인巨人들의 배신

Nicht Lehrsätze und 'Ideen' seien die Regeln eures Seins. Der Führer selbst und allein ist die heutige und künftige Wirklichkeit und ihr Gesetz.

- M. Heidegger, 「Aufruf an die Deutschen Studenten」

교의나 '이념'이 당신들의 존재의 법칙이 될 수는 없다. 총통 그 자신만이 오늘과 내일의 현실이며 당신들의 법칙이다.

자신의 형안(炯眼)으로도 '카리스마적 지배의 불안정한 일상'(M. 베버)을 엿볼 수 없었던 것일까, 하이데거는 "놀라운 기억력과 지력으로 만나 대화하는 상대마다 놀라게 만들었던 히틀러"(P. E. Schramm)의 '개인'을 미래의 현실이자 법칙(künftige Wirklichkeit und ihr Gesetz)으로 선언한다. 20세기 최고의 철학자는 자신이 택한 준칙(Maxime)과 법칙(Gesetz)의 소외 — "Handle nur nach derjenigen Maxime, durch die du zugleich wollen kannst, dass sie ein allgemeines Gesetz werde."(I. Kant)(그것이 동시에 보편적인 법칙이 되기를 원할 수 있는, 그러한 준칙에 따라서만 행위하라.) — 를 목도하면서, 그 필생의 '사건'이 붕괴하는 현장을 겪으면서 함구한다. 그는 시대의 정신을 배신(tergiversation)하며 악(惡)을 선택했지만 변명(tergiversation)하지 않는다.

나치 전력을 꼬리처럼 달고 다닐 수밖에 없었던 후기 하이데거의 선택은 "잘못된 정치적 개입이 사상가로 하여금 이론적 입장에 내재한 한계를 일깨워 자신의 사유를 급진화하도록"(S. 지젝)한 것일까? 이로써 그는 이른바 그 '내맡김(Gelassenheit)의 급진성' — 푸코의 '실존미학(une esthétique de l'existence)'과는 또 다른 급진성 — 속에서 '회개도 변명도 거부하는 하이데거의 신비함(!)'을 생성시켜 낸 것일까? 그래서, 그의 제자이자 한때의 애인이었던 아렌트가 '여우 하이데거'라는 짧은 글 속에서, "이 덫은 우리 여우의 은신처이며, 만일 당신이 그가 거주하는 곳을 방문하고자 한다면 발걸음을 그의 덫으로 향해야만 하기 때문"이라고 했던 것처럼, 그의 심오한 존재론은 '정치적 사유'(H. 아렌트)에 대한 덫으로 작동하고 있었던 것일까? 그런가 하면, 변명하지 않는 심오한 배신자 하이데거와 오직 정신적으로 격돌해야만 했던 아도르노는 하이데거의 '존재(Sein)'를 그저 인공물(θεσει, artifacts)이라고 폄하한다. "존재철학은 충족 불가능성을 공격 불가능성으로, 또 합리적 과정으로부터의 면제를 반성적 오성에 대한 초월성으로 만드는데, 이는 영리하기도 하지만 절망적이기도 한 폭력행위다."(《부정변증법》)

시인 고은은 자신의 성추행 의혹을 전면 부인했다. "나는 나의 아내와 나 자신에게 부끄러운 말과 행동을 한 적이 없다. 시인으로서 명예를 유지하면서 계속 집필 할 것이다." 이렇게, 마침내 고은은 변명을 하고 말았다. 그리고 '시민의 명예'를 건지려고 시인의 영혼을 누추하게 만들었다. 변명의 적실(的實)이 중요한 자리가 있고, 또 중요한 사람이 있을 것이다. 그러나 사실 그 자체가 이미 변명이 되는 경우가 있다. 그것은 사람의 인격이, 그 영혼이 문제시될 때인데, 내가 '변명은 영혼의 독(毒)'이라고 했을 때가 바로 이를 가리킨다. 100권의 책을 쓰고, 만인환시리에 자신의 성기를 내보일 수 있는 고은이라면 그는 왜 웃으며 자결하거나 최소한 침묵하지 못했을까? 그는 왜 배신을 신비화시키지 못했을까?

배신(背信)과 변명의 주제라면, 최남선(1890~1957)과 이광수(1892~1950)를 떠올리지 않을 수 없다. 최씨와 이씨의 천재는 실로 하이데거에 어금지금할 정도로, 그들이 이 한반도의 지정학적 와류에 내맡겨지지 않았고 런던이나 비엔나 등지에서 활보할 수 있었더라면 그 이름을 인류의 지성사에 제법 굵게 박아 놓을 수 있었을 것이다. 그러나 '군자의 흠은 일식이나 월식(月蝕)과 같은 것'이라고 하지 않던가. 이들은 자신의 재능과 성취로 인해 외려 배신자로 낙인 찍혔다. 그들은 '거인'이었기에, 그 거인의 무게와 책임으로 마땅히 배신자가 되었던 것이다. "그들은 거인이었고 배신자였다. 배신자가 되는 순간 거인은 난장이가 될 수밖에 없는데도, 그들은 여전히 거

인의 풍모로 다가온다는 것이 문제다."(서영채, 《아첨의 영웅주의》)

'만약 내가 먼 곳을 보았다면 그것은 거인(巨人)의 어깨 위에 서서 본 것이다.' 1976년 2월 16일자 「뉴욕 타임스」가 소개(인용)한 이른바 '뉴턴의 제4법칙'이다. 부처님의 손바닥 위를 종횡하는 손오공의 경우처럼 그 어깨가 넓고 탄탄할수록 사람들은 그 어깨 위를 살아가면서도 그곳의 높이와 넓이를 실감하지 못한다. 그리고 자신들이 서 있는 바로 그 어깨의 평활함 위에서 다소 안이하게 자유와 평등을 외친다. 하지만 이 평등과 자유는 애초의 정치적 지평에서 미끄러져 떨어진 지 오래되었고, 한때 인류의 보편적 대의였던 이념은 한갓 '모방적 욕망(désir mimétique)'(르네 지라르)이나 '사적 원한(ressentiment)'(니체)에 의해 오염되고 말았다. "경제적 생존을 위한 상호의존과 투쟁의 자리인 사회"(한나 아렌트)가 생활세계 전체를 장악하게 된 것이다. 이 와중에서 아렌트의 비평처럼, 사람들의 행위(act)는 모짝 행동(behaviour)으로 대체되고 말았다. 거인들이 존재의 빛을 내며 세상을 지배하던 시절은 한참 지났다. 오르테가 이 가세트가 '역차별의 분한'을 흘리며 모양 없이 말하는 것처럼 "대중은 모든 차이, 즉 우수하거나 개성이 있거나 자질이 있거나 선택되는 모든 것을 억누르며," "(그래서) 이제 모든 사람은 대중일 뿐"(《대중의 반역》)이다. 그러나 악(惡)을 선택하고, 시대의 책임을 배신한 거인을 어떻게 할 셈인가?

마치 칸트의 윤리학이 세속 속에서 끝없이 반복되는 잔혹한 비합법성에 아무 이론적 자리를 배치하지 않고 있는 것처럼, 나 역시 필부필부의 지질하고 누추한 흠결에는 별 관심이 없다. 그것은 그저 쉼 없이 이어지는 암둔한, '어긋나는' 세속의 단면, 일상의 주변일 뿐이기 때문이다. 관심을 끄는 문제는 오히려 거인들의 배신이다. 가령 안중근의 차분한 결기가 말할 수 없이 매력적인 만큼, 윤치호(1865~1945)의 허위의식이 위기와 배신의 시대를 관통하며 자기정체성을 조성/조작해가는 모습은 극히 흥미롭다. 거인들은 시대정신(Zeitgeist)의 격랑과 부딪치면서 비극적 완결 속에 스러져간다. 혹은 번버듬하게 갈라지면서 악(惡)을 옹호하거나 배신의 선택을 하곤 한다. 잊지 말아야 할 것은, 우리 평자들 역시 이 완결의 빛과 배신의 그늘에서 자유롭지 못하다는 사실이다. 조금 펼쳐 말하자면, 문제는 내가 나도 모르게 개입하거나 의탁하고 있는 거인들의 자리를 살피는 일이며, 그 '겹침'에 대한 적실한 이해를 찾아가는 일이다. 더 나아가 종종 그 거인됨의 존재론적 특이성과 연루하고 있는 배신, 혹은 악한 선택에 대한 공정한 평가를 시도하는 것이다. 이 평가의 과제는 내가 (이제사) 인문학 담론의 '끝판'으로 여기게 된 '인물평'의 일반적인 형식 — '미워하되 그 잘함을 안다(憎而知其善).' — 의 극적인 예증이 된다. 그러나 거인의 배신을 이해하고 평가하는 일은 단지 인물평으로 마감되지 않는다. 이 평가의 노동은 인류사의 경위(經緯)와 그 지향을 엿보게 하기도 한다.

거인의 배신, 혹은 인물(평)과 역사를 떠올리는 순간, 20세기의 한반도를 살아온 이들은 금세 박정희(1917~1979)는 어떤가, 라고 묻게 된다. 한반도의 20세기 중후반을 거쳐 온 이들의 삶으로부터 박정희에 대한 호오(好惡)와 애증은 생략할 수 없는 현실이기 때문이다. 소시적 내 여동생의 (부산) 친구들은 '박정희'라는 사인(私人)의 고유명을 마치 '대통령'이라는 보통명사처럼 여기기도 했고, 그들 부부가 죽었을 때에는 친상(親喪)을 당한 듯 대성통곡했다. 그러나 이는 단지 경상도주의의 증상이 아니다. 정도와 갈래의 차이가 있을지언정, 우리 모두는 박정희의 명암에 이미 개입했거나 혹은 최소한 그 자리에 얹혀 있기 때문이다. 누구나의 경우처럼 박정희에게도 공과 — 나로서는 그의 과(過)가 공(功)을 뒤엎기에 족하다고 여기지만 — 가 있다. 심지어 그를 악(惡)으로 총평하는 관점에서 보더라도 '진부한 곰팡이(banal bacteria)'(K. 야스퍼스)라는 식으로 폄하하는 것은, '악마적 위대함(satanic greatness)'을 주워섬기는 낭만주의적 담론에 못지않게, 극히 안이해 보인다. 여운형(呂運亨, 1886~1947)과 같은 걸출한 거인들이 해방공간의 혼란 속에 가뭇없이 사라진 후, 박정희와 정치적으로 맞짱을 뜨고 또 기어이 넘어설 수 있었던 거의 유일한 인물은 김대중(1924~2009) 정도일 것이기 때문이다. 그러므로 박정희에 대한 평가는 무엇보다도 '내 안의 박정희'를 깨단하는 일에서부터 출발한다. 그는 개인이 아니며 그를 자리매김하는 것은 곧 인물평과 역사이해가 맞닿는 자리를 이해하는 일이기도 한 것이다. 만약 박정희의 행적을 거인의 배신이라고 부를만하다면 그 유일한 해석은 헤겔식의 역사철학에 기대는 수밖에 없을 듯하다. "세계사적 행위와 그 수행자에 대해서 세속적 관점에서의 도덕적 요구를 내건다는 것은 마땅치 않고…그들에 대해서 근신이라든가 겸손이라든가 박애라든가 자선과 같은 사적 덕성의 우론(愚論)을 늘어놓았댔자 아무 소용이 없으며…세계사가 기록하고 보고하지 않으면 안 될 것은 각 민족의 정신의 행동"(《역사철학강의》)이라는 헤겔의 역사철학적 시선이 지나칠지라도, 논점의 핵심은 기본적으로 '역사(세계사)가 개인을 도외시한다.'(헤겔)는 데 있으며, 마찬가지로 (선량한 상식인의 바람과는 달리) 역사는 개인의 순전한 선악을 돌보지 않고 흘러간다는 데 있다. 대체, 악(惡)을 선택한 거인의 배신이 역사와 착종(錯綜)하며 내려앉는 자리를 평자들은 집어낼 수 있을 것인가? 더구나 변명(tergiversation)하지 않는 배신(tergiversation)이란 대체 무엇인가?

거인들의 배신이 변명의 스캔들로부터 면피(免避)를 받는 방식은 대체로 두 가지로 대별할 수 있다. 그 첫째는 '깊이'의 담론이며 둘째는 '무게'의 현실이다. 그리고 둘 다 삶과 정신의 불가해(incomprehensibility)라는 인문학적 비전과 연루한다. 깊이의 담론이라면 그 극점은 이미 하이데거의 존재론이 극명하게 현시한 바 있다. 하이데거 정도의 정신이라면, 잘못된 정치적 선택을 윤리적으로 구제하기 위한 방식을 설계함에 있어 이미 그 변명스러움이 아득히 소실되는 이론적 미학을 드러낸다. '존재망각(Seinsvergessenheit)'이나 초연(Gelassenheit)의 철학 속에서 그 유죄(有罪)를 세세하게 적시할 수 있는 비평가가 대체 누구일까? 비평의 분열조차 지배하고 있는 이론적 천재의 자의식이 스스로 이해할 수 없는 이론들을 심오하게 배치할 수 있을 때, 변명은 사실이 되고, 사실은 환상이 된다. 이와 대조적으로, 나는 고은의 재능을 믿어 의심하지 않지만, 그는 하이데거에 비해 적지 않게 불리해 보인다. 정치적 투쟁의 이력을 달고 있고, 혹은 문학적 광기의 염화(炎火) 속에서 벌어진 일이라고 해도 독자들은 잘못된 도덕의 세목을 잊지 않는 법이다. 이론적인 외설은 그 자체로 심오할 수 있지만, 천재라고 해도 '상추밭에 똥 싼 개'의 꼴을 감당해내긴 어렵기 때문이다.

그런가 하면, 무게의 현실 위에 제 나름의 변명을 얌전히 얹은 뒤, 그 변명조차 따라오지 못할 자리로 퇴각해서 자신의 성취를 지키려고 한 천재가 최남선이다. 마포형무소 구치소에 갇힌 그는 자신의 배신을 자인하면서, "과루(過淚)를 자열(自列)하여 엄정한 재단을 기다린다."는 반성문(自列書)을 남겼다. 하이데거나 고은이라면 결코 남기지 않을 반성문을, 말이다. 육당이 반성을 지불하고 끝내 건지려고 한 것은 학술적 성취다. "대중은 나에게 지조를 붙잡으라 하거늘 나는 그 뜻을 휘뿌리고 학업(學業)을 붙잡는다면서 다른 것을 버렸다." 그의 단군론이 필경 내선일체론에 동조한 것이라는 비판에 그가 사생결단하듯 반박에 나선 것도 이런 이유 때문이다. 육당은 당대의 현실에 밀착한 채 타협하고 변명하며 살아갔다. 그리고 그의 놀라운 재능은 '죽은 자식 불알 만지기'하듯, 그 엄혹한 현실을 밑돌고 있었다.

모든 배신을 한결같이 취급하는 게 좋을까? 당연한 지적이지만, '거인'(서영채)이니, '귀족'(토크빌)이니, '천재'(니체)니, '영웅'(칼라일)이니 하는 따위의 분류법은 명백히 시대착오적이긴 하다. 그러나 배신의 행위 그 자체 속에 이미 다른 해석의 맹아가 숨어 있으면 어떤가? 예를 들어 정신이상자의 범죄, 혹은 어린아이의 범죄와 같은 형식의 배신이 있을 수 있지 않겠나, 말이다. 아무리 죄형법정주의를 말해도 결국 우리의 현실 속에는 법정(法定)할 수 없는 죄형(罪刑)이 충분히 가능하지 않는가, 말이다. 가령 이광수의 경우에서처럼 "민족을 배신하는 것이 민족주의 완성에 도달하는 길임을 온몸으로 보여주고 있는 것"(서영채)이라면, 이런 종류의 배신은 그 어떤 윤리-해석학적 조명을 요청하고 있는 것일까? 변명이 변명이 되지 않도록, 그 변명의 살과 뼈를 온전히 자신의 존재 속에 체화하고 있는 배신자는 어떻게 할 것인가? 혹은 특정한 이데올로기나 종교신앙에 순명해서 순절(殉節)에 이르기까지 일관된 행보를 유지하는 이들의 '배신'은 배신일까, 혹은 순교일까, 하는 등속의 물음은 결코 사소하지 않다. 없는 신을 향해서 순교하는 일생과 불가능한 민족주의를 위해 일이관지하는 삶은 어떻게, 왜, 다르게 평가받아야 하는 것일까? 이들 이광수(들)의 배신이 내장하고 있는 그 '숭엄(hauteur d'âme)'에 대해서 법률적 계몽주의자들의 판결은 내내 옹색하거나 혹은 단선적이지 않았던가?

물론 내 개인으로 말하자면, '변명하는 합리주의자'보다 '변명하지 않는 비(초)합리주의자' 쪽에 훨씬 더 관심이 가긴 한다. 변명하는 합리주의자들이 만들어가는 시민들의 세상과 그 시장(市場)을 도외시하려는 게 아니다. 다만 이미 오래전부터 내 관심은 변명(스러운 것들)으로써는 '교환'될 수 없는 세상을 더듬어 온 지 오래되었고, 이로써 '교환될 수 없는 사용가치'의 자리로 꾸준히 옮아갔기 때문이다. 이를테면 '동무'가 그런 것이며 '영혼'이 그러하고, '찔레꽃의 추억'이 그런 종류의 것이다. 그렇다고 해서 이 '변명 없는 생활'이라는 슬로건이 정당한 '해명'의 문지방조차 넘어서지 못한 지성의 나락에 대한 '몽매주의적 신비화(obscurantist mystification)'를 조장하는 게 아니다. 그런 뜻에서 이 글의 취지는 "영웅적 인간은 어떤 덕성도 없는 가장 고귀한 인간이며 그에게 결코 죄(罪)는 존재하지 않는다."(니체)는 호언(豪言)에 이르려고 하는 게 아니다. 인간 속의 윤리적 실천은 중요한 뜻에서 '도토리 키재기'이며, 비록 큰 전망을 베푸는 거인들의 시선은 내내 '자연사'에 머물더라도, 각자는 각자의 자리에서 제 책임대로 비판받아야 하며 또 처벌되어야 한다. 그러므로, 아, 자발적으로 '처벌'을 받으시라…소나기를 맞듯이, 말이다. 혹은 언덕 너머에서 기대하지 못한 찬바람을 만나듯이, 말이다. 인간이 오롯한 절망이거늘, 그 무엇으로 굳이 변명할까?

안회(顔回)와는 달리 '거듭 실수하고 분노를 옮기는(多過遷怒)' 것은 부족한 슬기와 근기로 어긋남의 세속 속을 살아가는 장삼이사들의 일상이다. 파약(破約)과 배은(背恩)과 배신 역시 이들의 일상이며, 핸드폰스럽고 변덕스러운 세속의 자랑스러운 얼룩일 뿐이다. 이로써 법망에 걸리더라도 이는 다만 '호수의 표면을 간질이는 낙엽(湖上落葉玩波文)'에 지나지 않는다. 천노와 변덕이 삶의 양식이 된 것이다. 그러나 거인, 혹은 위대한 정신들은 일찍이 니체가 말한 대로 '정신의 일관성(geistliche Konsistenz)'을 통해 자신의 존재를 웅변한다. 무릇 일관성이란, 그 자체로 위대할 리 없건만, 시대의 암운 탓일까, 더러 그 자체로 숭엄(崇嚴)한 기색을 흘리기도 한다. 인간적 변명이 소실되는 이 제3의 길은 이른바 '알거냥하기(Besserwisserei, 悟り澄ます) 위기를 자초하기도 하는데, 이는 인간의 정신이 속보(速步)로 상도(想到)하는 미지의 풍경을 놓고 벌이는 자충수이기도 하다. 정신의 거인들이 자주 범할 수 있는 패악을 '무매개의 속보'로 요약할 수 있을 것이다. 무매개의 문제는 "그리스도교와 민족적 아이덴티티가 무매개적으로 결합될 때 보편적인 그리스도교는 개체적인 민족을…무비판적으로 긍정하게 된다."(양현혜)는 종류의 거대 이데

올로기적 형식에서부터, "종교 사상이 철저해져서 심원한 것이 되면 될수록 종교 사상의 무매개적인 평등과 초월은 넓고 깊게 영향을 미치기 때문에…해독이 크고 타락이 심하다."(田邊元)는 종교적 형식에 이르기까지 셀 수 없다. 마치 인간의 뇌가 시냅스-매체를 통한 상호관련성에 의해 그 고유한 세계를 생성시켜 왔듯이 우리 인생의 갖은 층층면면도 죄다 무수한 매개들에 의해 조성되고 조율되고 조작되기 때문이다. 거인들이 겪거나 성취하는 정신의 특이성은 결국 무매개의 환상과 관련될 것이다. 어쩌면 거인들의 배신조차도 이 환상의 자의적 연장 속에서 이해할 수 있을 법하다. 그들이 때론 고요히 확신하고 있는 '무매개의 속보'가 성취일지 환상일지의 문제는 별개로 치더라도 말이다. 평자들은, 우리가 그 어깨를 밟고 서 있을 수밖에 없는 거인들의 배신에 대해 어떻게 접근하는 게 바람직할까? 심지어, "보호받을 자격이 없어 보이는 사람들의 보호받을 자격이 없어 보이는 권리를 원칙에 따라 보호하는 것이야말로 원칙을 지키는 유일한 길"(복거일), 이라면 말이다.

보수주의

이론적으로 보수주의가 할 것은 없다. 실은 아무것도 하지 않는 게 보수주의이기 때문이다. 이론적으로 보자면 보수란 정확히 이론의 부재(不在)를 건사하는 방식에 지나지 않는다. 그러나 보수의 실천적인 몫은 매우 중요하다. 실천적 보수주의는 사회적 승자들의 지혜를 축성(祝聖)하고 그 경험을 보존하는 역할을 맡는 것이기 때문이다. 물론 그 축성과 보존의 전제는 '사회가 심하게 썩지는 않았다.'는 믿음이다.

사회적 약자/패자들이 분한(ressentiment)과 전략을 혼동하지 않아야 한다면, 사회적 승자들은 늘 스스로의 사회적 기원을 성찰해야만 한다.

고개 숙이고 내려앉아야지

계곡의 깊은 숲속을 한참 걷다가, 검죽은 나무 사이로 붉게 빛나는 버섯 두 송이를 만났다. 무심결에 죄 없는 버섯을 향해 소리를 친다. "에이 이쁘고 요사스런 것! 고개 숙이고 내려앉아야지!"

7장

복종과 의무를 즐길 수 있는가

복종과 의무를 즐길 수 있는가

제 마음대로 구는 짓이 즐겁지 않을 때가 오면 그제서야 '공부'의 기별을 받은 셈이다. 이는 자유에 대한 다른 감각을 얻는 일과 닮은 체험이다.

그러나 그런 기별은 대체로 이미 늦었다. 그렇기에 공부는 진작에 '강제로(勉强, miǎnqiǎng)', 가까스로 하는 것이다. 그것을 일러 공부(勉强, べんきょう)라고 한다. 마찬가지로 복종이 미덕이 되는 경로도 이렇게 생성될 뿐이다. 공부가 즐겁다는 것은 역(逆)-증상이다. 공부가 즐거운 것, 복종과 의무를 즐길 수 있는 것, 그리고 좁은 길이

잘 보이는 것은 '자아가 증상'인 세속 속에서 증상을 넘어선 자아의 빈터를 흘깃 드러낸다.

불만을 넘어서도록 돕고

교육자로서의 참된 철학자는 (학생들로 하여금) 불만을 넘어서도록 돕고, 사유와 생활에서 단순정직하며, 가장 깊은 뜻에서 '반시대적인 것(das unzeitgemäße)'을 가르치는 자다. - 니체

단 3분만 읽어도 그 천재를 알 수 있는 작가로는 (적어도 내게 있어서는) 니체가 유일하다. 이 불세출의 천재의 말을 아무래도 곧이곧대로 믿어선 안 되지만, '(학생들로 하여금) 불만을 넘어서도록 돕는다.'는 평이한 말이야말로 어찌 그의 영감어린 천재가 상도한 깊이를 단숨에 드러내는 게 아니랴. 분한에서 자유로워진 정신이 참여하는 자리를 니체처럼 명쾌하게 해명한 자가 따로 있으랴?

생활의 일체를 진짜들의 그림자 안으로 꾸준히 옮겨가는 노력

有說偈者曰世界所有, 我盡見 一切無有如佛, 余於此行亦云

- 秋史, 「送紫霞入燕」 中

어느 계송을 하는 자가 말하기를, 내가 세상의 전부를 다 보았으나 부처님 같은 분은 없었다고 하였으니, 나도 이제 그 같은 분을 만나러 가려고 한다.

내가 아끼는 후배가 인사 속에 부쳐온 것인데, 과연 추사의 인끔이 느껴지는 글이다. 늘 말했건만 공부한다는 일은 '그 사람(其人)'

을 만나고 가까이 하는 일이다. 물론 그 사람이란 진짜배기(玄人)를 말한다. 오늘 후학 몇과 어울려 이창동 감독의 「버닝」을 보았다. 찔레꽃도 1년이면 볼 수 있기에, 8년을 꼭꼭 기다려 본 영화라 그런지 아쉬움이 없지 않았으나, 그가 '진짜'의 일종이라는 데에는 아무 이견이 없다. 무릇 공부라는 것은 내 생활의 일체를 진짜들의 그림자 안으로 가만히, 꾸준히 옮겨가는 노력 외에 아무것도 아니다. 풍랑을 만나도 혼이 빠질 정도의 진짜배기를, 책을 읽어도 한 입에 삼킬 수 없는 고전을, 사람을 만나도 그 심처(奧底)를 가늠할 수 없는 인끔을 만나야 한다. 인생이란 짧으니, 추어탕을 한 그릇 먹어도 그 솜씨를 명찰하고 감사하는 곳에 '그 사람'이 있는 법이다.

인생을 구원하는 것은 결국 재능이 아니라 태도인 것이다

昨日の糞が明日食卓の上に上がって来る.

어제의 똥이 내일의 식탁 위에 올라온다.

어리석었다. 한참 늦었다. 훈육(訓育)이 실종된 교육의 미래가 이 사회를 아래로부터 썩어들어 가게 할 것이다. 훈육은 신체적 순치를 위한 규율권력적 제도로서 다 설명되지 않는다. 훈육은 몸과 때의 문제이므로 생략할 수도, 연기할 수도 없기 때문이다. 소학(小學)은 아예 없지만 대학도 잘 보이지 않는 사회를 잠식하고 있는 (아)이들의 사업은 다만 에고(ego)라는 지극히 사소한 일이다. 이른바 거울사회의 '핸드폰-에고(cellular ego)'를 돌보는 게 훈육 없는 교육의 전부다. 윗물은 단지 더러웠지만 아랫물은 이미 기괴하다. 인생을 구원하는 것은 결국 재능이 아니라 태도인 것이다.

그들이 제시한 입장에 서서

The most valuable things that great philosophers have to give us are to be got at not by analyzing the reality but by looking at reality in the light of what it is they are saying. - Brian Magee, 《Confessions of a Philosopher》

위대한 철학자들이 제공하는 가장 귀중한 것은 현실을 분석함으로써가 아니라, 그들이 제시한 입장에 서서 현실을 바라봄으로써 얻어질 수 있다.

'그 사람의 자리에 다가섬으로써 배우는 것보다 나은 게 없다(學莫便宜於近其人).'는 말은 필경 '뉴턴의 제4법칙' — '만약 내가 먼

곳을 보았다면 그것은 거인(巨人)의 어깨 위에 서서 본 것이다.' — 의 취의와 같다. 해안을 바장이고 조개껍질을 만지작거리는 게 재미있다면, 그것도 할 수 없다. 그러나 익사할지언정 대양(大洋)의 넓이와 깊이를 체득하고 싶다면, 그것도 어쩔 수 없는 선택인 것이다.

'내용'에서 완성되는 공부란 없다

デモをすることによって社会を変えることは、確実にできる。 なぜなら、デモをすることによって、日本の社会は、人がデモをする社会に変わるからです. - 柄谷行人

데모를 해서 사회를 바꾸는 것은 확실히 가능하다. 왜냐하면 데모를 하는 것에 의해서 '일본사회는', 인간이 데모를 하는 사회로 변할 것이기 때문이다.

국수를 먹여주면 학생들은 기껏 (겉으로) '거부'할 수 있을 뿐이다. 그러나, 국수를 먹을 때 젓가락을 올바르게 쓰는 방식이 있다고 말하면, 학생들은 급기야 (속으로) '저항'하기 시작하는 것이다. '내용'에서 완성되는 공부란 없다. 자신의 인생과 더불어 '형식' 속에서 타협하는 것이니, 결국 깨달음이란 자아의 형식에 따른 메타-수행이다.

공부론, 혹은 0, 1, 2, 3

내 공부론은 에고(1)와 그 반사이미지인 너(2) 사이의 짝패관계보다 빠르게 운신하려는 희망을 상상해본 것이다. 빈방[虛室] 혹은 영(0)은 그 상상적 불가능성을 반사실적으로 상정해둠으로써 공부의 방향을 잃지 않도록 도운 것이다.

그러면 3은 무엇인가? 그것은 낮고 어둡고 조용한 곳을 좋아하시는 '님'의 이름이다. 이 수(數)들이 아득한 까닭에 갖은 그림(象)을 제출하긴 했지만, 워낙 내가 어리석은 위인이라 그 설명이 아슬아슬하다. 다만, 0이 있어야 3이 기별하고, 3이 있어야 0의 열매를 맺는 법이니, 이 둘이 끌리는 기묘한 일을 지남으로 삶을 노릇이다.

서원書院과 학교, 그리고 학숙

회재(晦齋) 이언적(李彦迪, 1491~1553)은 그 이름대로 뭇 선비를 이끌만한 대유(大儒)인데, 사림(士林)의 계보로 치면 정암(靜庵) 조광조(1482~1519)의 동학인 셈이며, 널리 알려진 대로 그의 주리론적 성리설은 이황(李滉)에게 계승되어 영남학파의 중요한 이론적 갈래를 이루었다. 그를 제향한 경주 안강의 '옥산서원(玉山書院)'은 주산(主山)인 자옥산(紫玉山)에서 그 이름을 딴 사액서원인데, 대원군의 서원 훼철시에도 화(禍)를 피한 곳이다. 자계옹(紫溪翁)이라는 호를 쓰는 것도 이 지명과 무관하지 않다. 물론, 조광조의 스승인 한

훤당 김굉필과 동접이며, 점필재(佔畢齋) 선생 — 내가 살고 있는 밀양 사포 마을에 위치한 '예림서원(禮林書院)'의 주인공 — 의 제자인 탁영(濯纓) 김일손을 모신 청도의 '자계서원(紫溪書院)'과는 우연찮게 이름이 같을 뿐 그 내력에서는 겹치는 바가 없다.

옛 서원 — 이 점에서는 성균관이나 향교 등 관립학교의 경우에도 마찬가지이지만 — 과 오늘날의 학교를 가르는 결정적인 차이는 향사(享祀) 기능이다. (그리고, 우선 기이하게 들리겠지만, 이 향사 기능에 대한 근본적 재사유야말로 미래 인문학의 물꼬를 트는 하나의 실마리가 된다.) 대개의 서원은 전학후묘(前學後廟)의 구조로 앞뒤가 나뉘어져 있는데, 앞이 공부하는 강학(講學) 공간이라면 뒤에는 제향하는 묘당(廟堂)이 위치한다. 가령, 옥산서원의 묘당인 '체인묘(體仁廟)'에는 당연히 회재 선생의 위패가 봉안되어 있고, '외이당'의 지근에 있는 예림서원의 묘당인 '육덕사(育德祀)'에는 점필재 선생과 함께 박한주(朴漢柱, 1459~1504)와 신계성(申季誠, 1499~1562년) — 남명 선생과 황강(黃江) 이희안(李希顔, 1504~1559)과 더불어 흔히 삼고(三高)라고 칭송받았던 — 을 좌우에 배향하고 있다. 기껏 '국민의례'의 수준에 고착된 우리의 근현대적 상상력으로는, 강학을 제향과 연결시키고, 그 실천적 관련성 속에서 공부의 뜻을 되새기려는 입고출신의 가능성을 염출해낼 수 없을 게 뻔하다.

산림처사를 자처하는 이들 중에 그 견결한 '윤리적 일관성'으로 고명한 이들이 적지 않다. 도학의 올곧은 실천을 위해 사직소(辭職疏)를 거듭하는 일은 다반사이며, 대의를 위해 목을 내놓는 직언직설조차 이들의 세계에서는 전혀 낯설지 않다. 소크라테스를 일러, '배우고 아는 일을 위해서 살 수도, 죽을 수도 있었던 최초의 인물'이라는 평이 있거니와, 인류의 역사에서 지식과 신념을 위해 안전이나 생명을 내건 이들의 계보는 연면(連綿)하게 계속되었다. 그중에서도, 사림의 전통은 독특한데, 이들이 당색(黨色)이나 판단의 내용과 무관하게 보여준 그 윤리적 일관성의 직심(直心)은 그 유례를 찾기 어렵다.

그 흔하디흔한 말인 '지행합일', 혹은 '신행(信行)합일'의 실천적 가능성은 어떤 동력으로 어떻게 현실화하는 것일까? 보다 구체적으로는, 전술한 대로, 강학과 제향 사이의 피드백식 증폭효과는 이 문제에서 어떤 위치를 차지할까? 특히, 향사(享祀)나 이와 유사한 의례적 기능을 깡그리 없애버린 터에 새롭게 근대화 · 서구화 · 세계화한 현금의 학제(學製) 속에서 이른바 윤리적 일관성, 이데올로기적 충량성, 그리고 담대행방(膽大行方)의 직심은 어떻게 자리매김하고 있는 것일까? 또 그 현실적 필요성은 이제 그 수명을 다한 것일까?

우선 각종의 고시(考試)로 대변되는 관학(官學)의 흔적, 혹은 자본제적 출세의 명령에 호응하는 학원의 재바른 운영에서는, 일견 제향의 기구 속에 제도화된 전통적 이데올로기가 완전히 소멸된 듯싶다. 이데올로기의 보편성이라는 프리즘을 장착하면, 얼핏 모든 게 그 효과인 듯 채색되곤 하지만, 이 완벽한 물신의 세속에서 종교초월적, 정치혁명적, 그리고 대의윤리적 전심(專心)을 찾아보기는 어렵고, 마찬가지로 그 같은 실천을 얻기도 어렵다. “우리가 무엇을 하든지 우리는 생계를 유지하기 위해서 일을 하”(한나 아렌트)고, 문화산업이 흩뿌리는 공식에 따라 ‘사생활로 철수’(슬라보예 지젝)하는 세속에서, ‘공부’를 한다는 것은, ‘지질한 개인주의와 친절한 체계' 간의 구조적 사통의 공식을 쫓아 취미의 매체이거나 출세의 수단으로 나뉘며, 그 사이에 인문(人紋)을 돌보고 키우며 완성하려는 노력은 차츰 외곽으로 내몰리거나 아예 삭제되고 있다. 한곳으로 지극하게 모은 몸과 마음의 경지, 즉 주일무적(主一無滴)의 경건은, 입고출신의 정신 속에서 서원과 학교를 지나 어떻게 현재적으로 전유될 수 있을까?

교실이 등재하지 못하는 텍스트

자전거로 강변 둑방길을 한참 달렸다. 강 너머 철로에 흐르는 아릿한 기운이, 차라리 '왠 봄이 이미 온 듯(未春旣似春)'하다. 내 기척에 마른 물억새 덤불 위로 고라니 한 마리가 튄다. 달아나는 게 과연 가축이 영-영 아니다. 꿩이나 고라니가 제 풀에 놀라는 모습은 사람이라는 '차분해진 동물'의 교실이 등재하지 못하는 텍스트다. 미치지 않았으면서도 어울리지 못한 존재의 낙관(落款)처럼.

누구나 상대를 통과하거나 우회해서 자신을 표현하지만

I am not fully known to myself, 'cause part of what I'm is the enigmatc traces of others. - J. Butler

나는 내 자신에 대해 충분히 알 수 없다. 왜냐하면 나의 일부는 언제나 타인들의 알 수 없는 흔적이기 때문이다.

남에게서 무엇을 배울 때에도 흔히 저항(Widerstand)이 발동한다. 의외로 많은 게 그렇긴 하지만, 이처럼 '학생-되기'도 하나의 '성취'

다. 나는 선생보다 더 애를 쓴 학생들을 알고 있다. 저항 없이 인용(認容)하는 것도 답답하지만 지나친 저항은 위험하다. 버틀러가 말한 '타자의 불가해한 흔적'은 특별히 교-학(敎-學)의 자리에서 도드라진다. 누구나 상대를 통과하거나 우회해서 자신을 표현하지만, '선생-되기'는 그 전형이기 때문이다. 그렇기에 좋은 학생은 자신이 자신에 대해 모르는 부분을 선생의 발화 속에서 염출해낸다.

알면서 모른 체하기 3

故知止其所不知至矣 孰知不言之辯 不道之道 - 《莊子》

그러므로 앎의 한계를 깨단해야 앎이 지극해진다. 그 누가 말이 없는 변해와 길 없는 길을 알겠는가.

내가 사람에 대해 알아낸 것은 많지도 않고 적지도 않다. 남을 가르치자니 쉬 마르고, 혼자 품자니 넘쳐흐른다.

장난으로라도

心は必ず事にふれて來る. かりにも不善の戯れをなすべからず.

- 吉田兼好, 《徒然草》

사람의 마음은 꼭 사물에 접촉하고서야 생긴다. 그렇기 때문에 장난으로라도 나쁜 짓을 해선 안 된다.

사람의 마음은 공(空)인데, 그 빈 곳에 길을 내는 것은 오직 행위의 반복이다. 그러므로 일상의 자리가 마음의 자리일 수밖에 없다. 그래서 잡기(雜技)를 꺼리는 이치는 중의적이다. 그것은 행여 잡기로써 마음이 접힐까 두려워하는 것이며, 거꾸로 잡기로써는 마음의 새 길을 얻지 못하기 때문이다.

통신표

德隨量進 量由識長 故欲厚其德 不可不弘其量 欲弘其量 不可不大其識

- 《菜根譚》

덕은 인끔을 좇아 커갑니다. 인끔 역시 식견에 터해서 자라납니다. 그러므로 그 인끔을 키우지 않을 수 없습니다. 인끔을 키우려면 자신의 식견을 키울 수밖에 없습니다.

도량(度量)을 키우지 않은 채 지식만을 들이쟁이면 안 됩니다. 이는 '똥 싸고 매화타령 하는 꼴'이고, 과적한 배처럼 반드시 침몰합니다. 애증(愛憎)의 저울대에서 벗어나, 앎 그 자체의 실효성에 집중하도록 애써야 합니다. 좋아하고 미워하는 쏠림 속에 허덕여서는 십년 공부가 허송입니다. 자신의 존재가 만드는 형적(形迹)과 그 후과의 개입을 유심히 깨단해서 행위와 윤리의 들목으로 삼아야 합니다. 어리석음은 자신의 그림자에서 시작합니다. 무엇보다 자신의 기량과 솜씨를 연마하고, 이로써 주변에 도움이 되도록 노력하십시오. 인생은 짧고, 사람은 쉽게 바뀌지 않습니다.

계戒가 사회적 정定에 이르면 족한 것

'이것은 나 하나만의 문제가 아니다. 우리 민족은 옛날부터 이런 성향을 갖도록 역사적으로 훈련받아 왔던 것이다.' 문득 옆을 보니, 한 남자가 길거리에 쭈그리고 앉아서 소변을 보고 있다. 그는 '서서 오줌 누는 법'을 모르는 이 반도(半島) 사람들의 풍속을 생각해보았다. '이 아무것도 아닌 습성 속에도 영원히 비속해져야만 하는 우리들의 정신이 숨어 있을지도 모른다.' 그는 멍하니 그런 생각을 해보았다.

- 나카지마 아츠시(中島敦), 『순사가 있는 풍경』, 1928

2015년인가, 또, 교토에서 챙긴 풍경이었다. 서울역보다 결코 작지 않고, 수원역보다 덜 붐비지 않는 교토역사(驛舍)의 공중화장실이었다. 까만 교복을 입은 중학생 대여섯이 모짝 소변기에 붙어 있었다. 한 눈에도 뭔가 이상했다. 소년들은 예외 없이 자신의 몸을 소변기에 바투 붙이다 못해 아예 그 속에 자신의 하체를 '빼곡'하게 채운 채 일을 보고 있었던 것이다. 나는 이 진풍경에 자못 감탄하여 유심히(?) 살폈지만, 소변기의 가장자리와 교복의 사이에는 새끼손가락 하나 끼울 틈도 없었다. '남자가 흘리지 말아야 할 것은 눈물만이 아니다.'거나 '向前一小步 文明一大步(xiàngqián yì xiǎobù wénmíng yí dàbù)' 따위의 캐치프레이즈가 원인무효되는 순간이었다. 계(戒)가 사회적 정(定)에 이르면 족한 것이다. 굳이 혜(慧)의 빛을 드러내지 않아도 좋다.

선생이 없이 혼자 깨치다不師而自悟

선생들이 없이도 깨칠 수 있는 행운, 혹은 인간의 세상 속에서 남의 덕업(德業)에 얹히지 않는 존재, 그런 것은 없다. 그러므로 깊은 지혜의 맛은 '존재하기 어려울 정도의 감사'일 수밖에 없다. 자득이니 '심자통(心自通)'(徐花潭) 속에서도 '스스로(自)'라는 말은 매우 조심스레 들먹여야 한다. 피히테 류의 것으로 왜곡되곤 하는 '변증법'의 본의는 바로 이 '스스로'를 내파하며 앎의 생성과 전파에 맺힌 빚(부채)을 드러내준다. 제 아무리 소소한 깨침도 보다 넓은 개념과 실천의 연쇄망에 빚진다는 게 바로 변증법이기 때문이다. 따라서

최근 수십 년간 현대지식의 첨병이 되었던 '타자의 담론(discours de l'Autre)'은 무실지로(無實之勞)의 과장이며, 갈 데 없는 자기재능의 분광(分光)이다. 내가 인간의 세상을 살아오면서 알고 깨친 것은 남김없이 '그대'(들)의 존재가 남긴 여명(黎明)에 의지했던 것들이다. 인간의 세상에 독학(獨學)이란 없다.

8장

그는 한물간 검객이지만 생활은 규칙적이다

단번에 알아볼 수 없으면

안도 : 여태껏 만나본 세계의 명사들 중 가장 훌륭했던 사람은 누구였습니까?

다나카 : 유감스럽지만, 안중근일세.

안도 : 하지만 선배님은 안중근의 총에 맞아 큰 부상을 입지 않았습니까?

다나카 : 맞아, 정말 유감스럽게도…훌륭한 사람은 순간의 만남으로도 알 수 있는 것이야. 인간의 깊이라는 것은 긴 세월이 흘러도 잘 알 수 없는 것이지만 순간적으로 보이는 경우도 있지. 그 사람의 행위가 순간적으로 이해될 때도 있어. 안중근이 이토 공을 향해 던진 눈길은 정말 몇 초밖에 되지 않았지만 내가 보기에 그의 눈길에는 뭐라 할 수 없을 정도의 청량

감이 깃들어 있었어. 이자는 여느 사람이 아니라고 나는 생각했지. 묘한 이야기이지만 나는 총에 맞는 아픔보다도 안중근의 눈망울에 정신이 팔려 있었어.

- 사이토 다이켄, 장영순 옮김, 《내 마음의 안중근》, 인지당, 1995)

이토 히로부미와 함께 하얼빈 역에서 안중근 의사의 총에 맞아 부상한 만철(滿鐵) 수석이사인 다나카 세이지로(田中清次郎)가 그의 후배인 안도 토요로쿠(安藤豊禄)와 나눈 회고담 속에 남긴 '인물평'이다. 그는 단번에 안중근을 알아보았다고 했다. 베로키오는 다빈치를 단번에 알아보았고, 배로(Isaac Barrow)는 뉴턴을 단번에 알아보았다. 괴테는 모차르트를 단번에 알아보았고, 모차르트는 베토벤을 단번에 알아보았다. 초정(楚亭)은 추사(秋史)를 단번에 알아보았고, 상허 이태준(尙虛 李泰俊)은 이상의 천재를 단번에 알아보았다. 어쩌면, 어쩌면…단번에 알아볼 수 없으면 영영 알아볼 수 없는 게 아닐까?

인물평의 인문학

Kommt, da ist jemand, der mir alles gesagt hat, was Ich getan habe, und seht, ob er nicht der Christus ist! - Jahannes 4:29

와 보라. 내가 행한 일들을 죄다 말한 사람이 있다. 그가 그리스도가 아닌지 와서 보라.

Es ist etwas schönes, einen Menschen zu zeichnen, etwas was lebt, es ist verdammt schwer, aber enfin, es ist herrlich! - Van Gogh, 《Briefe》

사람을 그리는 것은 아름다운 데가 있다. 살아있는 무엇을 그린다는 것은, 지독

히도 어려운 일이기도 하다. 하지만 필경 그것은 장려한 일이다.

내가 워낙 비재인데다 선학들의 가까운 감화조차 받지 못한 탓에 아무 이룬 게 없다. 그래도 아무튼 10분을 허투루 흘려보내기가 힘들게 되었으니, '공부'라는 변명 속에 제법 오래 애를 써오긴 한 듯하다. 이젠 내 무능조차 지쳐 무슨 힘 있는 말을 끄집어내기가 민망하지만, 근년 들어 각별히 그 의의가 되새겨지는 게 바로 '인물평'이라는 비평의 형식이다.

인물평은 살과 과녁에 비유하자면 날아다니는 새를 맞추는 것처럼 그 태세에서 역동적인 균형이 필요한 일이다. 게다가 궁수가 활의 성능이나 특징을 소상하게 알 수 있는 것과는 달리 비평의 주체는 그 자신의 재능이나 성향을 객관적으로 평가하기 어렵다. 이른바 자기관찰(self-observation)은 거의 '맹점'과 겹친다고 할 만하다. "모든 관찰은 자신의 구별을 그 관찰의 맹점(blinden Fleck)으로 이용하고 관찰에 있어서 그 관찰이 사용하는 구별을 관찰하는 것은 불가능"[2)]

---

2) 게오르그 크네어 · 아민 낫세이, 정성훈 옮김,《니클라스 루만으로의 초대》, 갈무

하기 때문이다. 그러므로 '인물'평이라는 비평의 대상은 다만 그 인물에 한정되지 않는다. 보다 중요한 의미에서 모든 인물평의 과정은 필경 자기관찰과 자기평가의 문제를 제기하기 때문이다. 실로, '내(네)가 누구인지 말할 수 있는 자는 없을' 법하다.

자기관찰은 누구에게나 어려운 과제다. '자신을 아는 자는 밝다(自知者明).'고 했으되, 이는 대체로 요원한 일이다. 하지만, 매사가 그렇듯이 여기에서도 그 높낮이가 어렵지 않게 드러나긴 한다. 내가 만나 대화해본 수많은 이들 중에는 특별히 자기관찰에 곤란을 겪는 이들도 더러 있었다. 물론 이 경우에도 그 카테고리는 고르지 않고, 그 종류와 세목도 여럿으로 나뉜다. 이와 관련해서 관심을 갖게 된 테마는 '상처와 자기관찰'이랄 수 있는데, 자기관찰의 (불)가능성은 개인이 자신의 상처를 처리하거나 승화하는 방식과 어느 정도 연루되어 있는 듯이 보였다. 여기에서도 성숙과 인식은 간섭당하고 회절하는데, 무릇 인간의 앎이란 이런 묘(妙)와 요(妖)를 띤다.

리, 2008, 135쪽.

우선은 운이 좋은 타입으로, 일단 비교적 상처의 기억이 많지 않다. 이들의 경우 관찰과 인식의 지평에서 개인의 상처가 그리 큰 영향을 행사하지 않는다. 이들은 대체로 상식적이고, 정서적 복원력(가소성)이 강한 편이며, 상처로 인한 마음의 자가공명적(自家共鳴的) 부식이 적다. 간단히 평하자면 자기관찰을 저해하는 심리적 장애를 도드라지게 겪지는 않는 편이다. 외려 더 중요한 문제는, 대체로 이들이 심각한 자기관찰에 나설 '필요'를 느끼지 못한다는 데 있다. 물론 그의 범용한 생활을 위해서라면 이게 별 문젯거리가 되진 않겠지만, 그가 (인문)학인의 일종이라면 이 같은 비성찰성은 그의 공부를 내부로부터 훼절시키는 요인이 될 수 있다. 게다가 다른 분야와는 달리 자기성찰력의 경우, 그 필요성을 느끼지 못한다는 것은 이미 그 능력이 없다는 사실보다 나을 게 없다.

다른 글에서 '상처받은 자가 걷는다.'고 했지만, 마찬가지로 상처받은 자가 자주 자신을 들여다본다. 이런 점에서는 앞서 말한 '운이 좋은 타입'과는 다르다. 여기에서 무슨 '기질론'을 내세울 일은 아니지만, 이들은 대체로 정서적 가소성이 떨어지며, 자애적 침윤(自愛的

浸潤)이 잦고, 때때로 분노조절이 힘들어진다. 상처의 기억이 자의식을 잠식하고 있는 사람, 혹은 억울함의 정념을 사적 보상욕에 배치하는 사람은 당연히 자기자신을 '들여다'보느라 여념이 적고, (늘 외부를 객관적으로 우회해야만 가능해지는) 자기관찰이 곤란해지며, 결국 타인의 비평에도 적대적인 태도를 취하게 되는 법이다. 대체로 약자는 겹으로 피해를 입는 수가 많은데, 이 경우에도 예외가 아니다. 물론, 안타깝지만, 그 책임의 중요한 일부는 자신에게 있다. 상처가 없는 정신은 그 자신을 되새길 필요를 느끼지 못하는 반면, 상처에 내몰린 정신은 그 능력을 훼손당한다. 상처의 기억이 심한 자, 혹은 (보다 정확히 말해) 스스로 그렇다고 '생각'하는 자는 그 생각의 자리에 정체(停滯)된 채 외부로 나가기가 쉽지 않다. 외부를 얻지 못하면 자기관찰은 원천적으로 불가능하다. 왜냐하면 자기관찰의 요령은 자기가 자기를 관찰하는 게 아니기 때문이다. 사람은 자신을 온전히 자신의 눈만으로 관찰하(할 수 있)는 순진한 동물이 아니다. 언제나 관찰은 정교한 우회로다.

관찰이나 인식에 개입하는 조건은 의외로 많을 것이다. 이 글이 잠시 건드려 보는 '상처'도 그중의 하나이지만, 그 힘의 강도와 지속성으로 보자면 특별한 하나일 수밖에 없다. 그 특별함은, 앞서 말한 것처럼 상처의 부재가 반드시 인문학적, 수행적 행운이 아닐 수 있다는 사실에서도 잘 드러난다. 요령은 상처의 존재와 부재 그 자체가 아니라 이를 소화하고 승화하는 방식에 있다. 이를 고쳐 말하면, 상처의 문이 열릴 때, 외려 이를 자기관찰과 이해의 호기로 삼는 자기성찰의 '속도'를 가리킨다. 15년이나 되었음직한 일이다. 내게 무슨 실수를 범한 아파트의 관리인에게 한순간 이상한 뺏성을 부렸다. 그것은 '존재의 누수'와도 비슷한 무척 낯선 정서의 탈선이었다. 바로 그 순간, 나는 마치 맛소금을 먹고 갯벌 위로 잠시 모습을 드러낸 대조개를 잡아채듯이 그 정서의 뿌리를 송두리째 뽑아낼 수가 있었다. 원망의 깊이 속으로 질주(疾走)할 수 있었던 성찰의 속도에 대한 새로운 체험이었다.

언제부터인가 시(詩)가 인문학의 기본 형식이라고 한다면 인물평은 그 마지막 '주제'라는 점에 차츰 눈을 뜨게 되었다. '인물평'이라면, 이미 그것은 '자연과학'의 정연한 논리를 동경하는 종류의 '인문

(과)학'적 지형을 어긋내고 있는 셈이다. 인물평을 날아가는 새를 맞추는 궁수의 노릇에 비유했지만, 새의 비행은 탄도(彈道)처럼 계산할 수 없고, 새의 '마음(과 같은 것)'을 통계 속에 내려앉힐 수도 없다. 그래도 주몽(朱蒙)이나 이성계와 같은 명궁이 생기곤 한다는 사실을 기억해야 한다. 오래전부터 학(學)과 술(術)의 통섭을 말해오면서 이런저런 궁리와 실험에 나서곤 했는데, 나로서는 인물평처럼 그 통섭적 행위의 정점이 될 만한 후보를 알지 못한다. 영묘(靈妙)한 정신력을 범람하는 인간의 존재는 이미 그 자체로 (오직 인간만이 절망이라도!) 하나의 경이이지만, 그 경이의 안팎을 조준하고 가늠하는 인물평의 가능성이야말로 진정 놀라운 일이다. 만나자마자 그가 누구인지 알아볼 수 있는 것, 그것이 우리 속에 나타난 신(神)들의 형적이다.

그 빛나는 재능과 성취를 비웠다는 데에

가령 파스칼이나 톨스토이의 재능을, 상달(上達)을, 그 천재를 누가 부인하겠는가. 그러나 정작 놀라운 점은 그 수학적, 문학적 재능이 아니라, 그 눈부신 재능을 스스로 포기했다는 데 있다. 파스칼이 평생 수학에 재능을 쏟고, 톨스토이가 '인생론' 따위가 아니라 본격 소설을 계속 썼더라면 말할 나위도 없이 인류에게 큰 축복이었을 것이다. 그러나 몸으로 살다 죽어야 하는 개인으로서의 파스칼과 톨스토이에게 허용된 최고의 성취는 그 빛나는 재능과 성취를 비웠다는 데에, 그 천재를 스스로 넘어섰다는 데 있다.

의도 없이, 의도를 넘어

Sacks will go far if he does not go too far. - Oliver Sacks, 《On the Move》

올리브 삭스는, 너무 멀리만 가지 않는다면 그는 멀리 가게 될 것이다.

Many go a short distance and then have to wrap up their lives. Some intend to go too far and those intentions usually overstride their actual lives. Others go over their intentions — 'marcher sans intention veritable — without any intentions.'

많은 이들은 짧게 걷고는 자신의 삶을 마감하고 만다. 몇몇은 멀리 가고자 하지만 그 의도만 앞설 뿐 그 삶의 실제는 이에 미치지 못한다. 어떤 이들은 그들의 의도를 넘어간다 — '별 의도도

없이'.

예수라는 장소

Kommt her zu mir, alle, die ihr mühselig und beladen seid. Ich will euch erquicken. Nehmt mein Joch auf euch und lernt von mir. - Mattäus, 11:28~29

수고하고 무거운 짐 진 자들아 내게로 오라. 내가 너희를 쉬게 하리라. 내 짐을 지고 내게서 배우라.

예수는 자신의 존재를 장소(감)로 빚어 신(神)이 내려오시게 한 대표적인 사례다. 그 까닭에 그는 '내 것이 아닌 자신감'으로 사람들을 불러모을 수 있었던 게다. 프란체스코의 경우처럼 짐승이 깃들게 하는 신인(神人)의 전설은 고금동서에 드물지 않는데, 이들은 죄다 달인의 기량과 정성으로써 자신의 터를 장소화시켜 자신의 그늘에 '이웃'이 머물게 하였다. 돌과 쑥부쟁이를, 나무와 고양이를, 새와 걸인을, 학생과 사기꾼들을.

메시Lionel Messi

Although he may not be human, it's good that Messi still thinks he is.

- Javier Mascherano

비록 그는 인간이 아닐지 모르지만, 다행히 스스로는 여전히 인간이라고 여기고 있다.

안중근이 신(神)의 표정을 띠고 있었다고 말한 사람이 있었듯이, 메시(Lionel Messi)의 실력을 신적인 것으로 평가하는 이들이 더러 있다. 이런 종류의 평가는 귀납의 가지들을 뛰어넘어, 한순간 아득히 빛나면서 시야에서 사라진다. 물론 내가 아쉬운 부분은 거기가 아니다. 메시가 스스로의 정신을 이해하지 못한 채로 흘러들어간 달인(達人)의 숲에는 성인들이 살고 있다는 사실이, 그가 필시 그들을 만나지 못할 것이라는 사실이, 사뭇 아쉬운 것이다.

건망증, 근심이 없는

내 건망증은 악명이 높다. 이 탓에 선량한 주변에 실례와 실수를 범한 적도 있지만, 이상하게도 나는 아무 근심이 없(었)다. 정색한 채 지적하거나 은근슬쩍 비난하는 이들도 있었지만 나는 늘 '반성하지 않는 범인'의 꼴로 남아 있었다. 나로 말하자면, 내 생년월일이나 내 모친의 성함 정도를 간신히 기억할 뿐인 내 기억력도 심란하지 않는 것은 아니지만, 정작 심란했던 것은 대체 왜 이런 꼴에 대한 아무런 근심이 생기지 않는가 하는 '준(準)-메타적'인 문제였다. '철들자 망령난다'고 했건만, 내가 이 꼴의 비밀을 깨단하게 된 것도 불과 몇 년 전이었다.

이 '비밀'이란, 풀어놓자면 그리 대단할 게 없다. 그렇지만 내 스스로 '자지자명(自知者明)'의 한 소식으로 여기고 있으니 내 못나고 어리석은 바탕에 견주자면 자못 기특한 자득이 아닐 수 없다. '비밀'이라는 점직한 소리까지 붙여 서두를 뗐으므로, 굳이 간단히 설명하자면, 이것은 일찍이 제갈량이 군사(軍事)에 대해, 그리고 연암(燕巖)이 글쓰기에 대해 언질해 놓은 이치와 얼추 닮았다. 좋은 장수는 쓰지 못할 군졸이 없고, 좋은 작가는 쓰지 못할 낱말이 없다는 것이다. 혹은 거꾸로, 아무리 동뜬 무사도 제자리가 아니면 숨겨야 하고 아무리 미려한 수사도 턱없이 부려선 안 된다는 것이다.

물론 내 건망증은 이런 식의 경제학이므로, 그 근본에서 이기적일 수밖에 없다. 때로 이 이기성에 관해서는 조금 '반성'하는 기분이 들지 않는 것은 아니다. 그러나 이 경제학은 '미안해 할 정도의 사회적 주체'에 지나지 않는 '내'가 작성한 게 아니므로, 엄밀해 말해 아주 미안할 노릇은 정 아니다. 그래도 굳이 첨언하자면, 왜, 그 장구한 세월 내 건망증의 뒤안길을 알아챈 사람이 다름 아닌 나였던가, 하는 슬픈 이야기일 뿐.

정중동動中靜의 제갈량

其視討賊復漢 如農夫之把犁 孝子之養親 所養之深厚 於此可見 誠恐去聖不遠.

- 金萬重, 《西浦漫筆》

그는 적을 토벌하고 한나라를 복원하는 일을, 마치 농부가 쟁기질을 하거나 효자가 부모를 봉양하듯 했으니, 이로써 그의 수양이 깊은 것을 알 수 있다. 진실로 그는 성인에서 멀지 않아 보인다.

나는 많은 사람들에게서 무엇인가를 배웠고, 또 적지 않은 사람들에게 매료되었다. 나처럼 어리석은 사람에게 한 줌의 학생이라도 곁

붙어 있게 된 것은 모두 그 덕분이라, 고맙지 않을 수 없다. 그래도 가만히 되돌아보면, 실력과 매력이 어긋나는 이들이 적지 않았다. 실력이 있지만 그 재능을 인품 속에 고르게 쟁여놓을 깜냥이 없는 이들도 있었다. 자신의 매력에 지펴 자중자애하지 못한 경우도 자주 보았다. 그런가하면, 매우 드물게는, 실력과 매력을 고루 갖추고도 권력의 음지에서 산은(散隱)하며 소요하는 사람도 있었다.

사람의 재능과 실력은 그 종류가 많고 편차가 심해서 일매지게 배열하긴 어렵다. 그래도 정신이든 육체의 경우든 사람살이의 '길'이 있으니, 유심히, 오래 살피면 그 성격과 향배가 가만히 드러난다. 하지만 이런 식의 직관적-총체적 판단은 비록 예지(叡智)를 품고 있더라도 흔히 수용되기가 어려운 탓에 대개 쓸모가 없다. 종종 언질했듯이 '학생되기'는 때로 선생되기보다 더 어렵기 때문이다. 좋은 학생은 자신이 부지불식간에 교학(教學)의 실천 속에 '개입'하고 있는 정도를 알아챈다. 적어도 그는 '반성'이 가능한 것이다. 더 좋은 학생은 그 개입의 방식과 정도를 스스로 조절하면서 교학상장(教學相長)에 꽤나 적극적으로 이바지한다. 최고의 학생은 선생의 숨은 가능성마저 불러낸다.

옛사람들이 재능(才)을 덕(德)과 날카롭게 대비시킨 이유가 있을 것이다. 시대가 변하면 모든 것이 따라 변해 지난 시대의 지혜를 통새미로 물려받긴 어렵지만, 재승덕박(才勝德薄)을 경계한 이유는 짐작키 어렵지 않다. 지행(知行)이 아니라 행지(行知)의 수행성을 얘기했듯이, 앎의 실천은 이미-언제나 '존재론적' 차원을 지니기 때문이다. 글이 좋을 때의 이문열 씨 작품 중에 「금시조(金翅鳥)」라는 중편이 있는데, 그 속에 이런 대화가 나온다.

- 왜 제자로 거두시지 않으셨소?
- 비인부전(非人不傳) — 운곡께서는 왕우군(王右軍=왕희지)의 말을 잊으셨소?
- 그럼 저 아이에게 가르침을 전하지 못할 만큼 사람답지 못한 데가 있단 말씀이오?
- 첫째로 저 아이에게는 재기(才氣)가 너무 승하오. 점획(點劃)을 모르고도 결구(結構)가 되고, 열두 필법(筆法)을 듣지 않고도

조정(調停)과 포백(布白)과 사전(師轉)을 아오. 재기로 도근(道根)이 막힌 생래의 자장(字匠)이오.

재바르고 꾀발라 더욱 이득을 취하는 게 작금의 현실이므로 지금에사 이런 의고(擬古)의 이치가 먹힐 리 없다. 자본제적 자유주의가 모든 제도와 행태를 휩쓸고 있으니, 사람들도 그렇게 적응하면서 닮아가는 게 어쩌면 당연한지도 모른다. 이 집단적 모방의 현상에 먹히지 않는 것은 거의 없어 보인다. 마치 큰물이 지나간 자리의 흔적들처럼, 이 현상과 버성기거나 혹은 거기에 딴죽을 거는 이들의 운명은 대체로 뻔하다. 운이 좋으면 달아나서 일사(逸士)가 되거나, 운이 나쁘면 붙잡혀 희생양이 되곤 한다. 과거와 현재, 심지어 미래가 서로 교류하는 가운데 생성되는 법고창신(法古創新)의 지혜 속에서 희생양을 풀어주고, 일사를 되불러오는 소식은 좀처럼 듣기 어렵다.

대중적 쏠림의 와류 속에서 옴니암니 따지며 자신만의 주체성을 구제하려는 이들조차도 '재주'를 향한 열망만은 숨기지 못한다. '돈이 되는 재주'라면, 그 성격과 무관하게 이미 그것은 체계내적 자기정당화를 갖추고 있다. 하지만 엄밀히 보자면, 정당화(legitimatization)의 논리는 이 재주의 행짜를 적절히 제어하지 못한다. 천민/졸부 자본제적 일상 속에서 횡행하는 '돈지랄'의 재주들은 마치 윷진아비처럼 염치도 부끄러움도 챙기지 않으려는 아집이기 때문이다. 베버(M. Weber)가 오래전에 지적한 대로, 한때는 졸부조차 자신의 부(富)를 윤리적으로 뒷받침받으려고 안달했건만, 졸부의 시대를 사는 우리들은 이 '돈이 되는 재주', 혹은 그 돈을 그 자체로 목적시한다. 말 그대로 금권만능주의(mammonism)인 것이다. 혹은 고쳐 말하자면 재(才)와 덕(德)이 자본제적 삶의 열망 속에서 병리적으로 통합되어 있다.

이 병리(病理)의 증상 하나를 가볍게 꼽자면, 「생활의 달인」이라는 TV 프로그램이 이른바 '달인'들을 표상하는 방식일 것이다. TV란 게 워낙 그렇긴 하지만 무대화된 이들의 기능(才)은 그 자체로 소외된다. 그리고 그 소외의 정도는 차마 외설적으로 전시되기도 한다. 비평이라고 해봤자 외과의의 시선으로 그 재주를 드러낼 뿐, 그 재주의 주체에 관한 언설은 빈약하기 짝이 없다. 탐색과 배려와 인정

(Anerkennung)은 없고 전시와 공격적 해설과 광고가 있을 뿐이다. 이미 재승덕박을 따질 계제조차 아니다. 사람의 인끔에는, 혹은 지난한 노동/연습의 이력이 피워올린 그 존재론적 '초월(성)'에는 아무도 눈을 돌리지 않기 때문이다. 인간의 생활이 긴 세월을 거쳐 이룩한 웅숭깊은 자리와 뿌리는 도외시한 채 한 자락 꽃들의 흐드러짐을 액자화한 것이다.

'인생은 어긋남이라(事常與人違)'고 했지만, 특히 재(才)와 덕(德), 혹은 성취와 인끔은 자주 어긋난다. 제갈공명의 경우처럼, '적을 쳐서 한나라를 복원시키기를 농부가 쟁기질을 하고 효자가 부모를 공양하듯이 하는(其視討賊復漢 如農夫之把犁 孝子之養親)' 경지는 이미 아득한 옛날의 전실이 되고 말았다. 누구에게나 재(才)와 물(物)이 앞서고, 덕(德)과 의(義)는 청처짐해지곤 한다. 여기에는 한 묶음으로 정리하기 어려운 여러 이유가 있겠으나, 특히 내가 주목하는 것은 이른바 '정신의 외주화(spiritual outsourcing)'라고 부를만한 현상이다. 길게는 영성과 지성의 소외, 짧게는 이미 여럿이 지적한 바 '도구적 이성(Instrumentale Vernunft)'의 문제 등과 관련되는 이

슈다. 물론 이 문제를 동아시아적 맥락으로 옮기면 재(才)의 분광과 동시에 가속되는 덕(德)의 소실이 될 것이다.

《서포만필(西浦漫筆)》에서 김만중(金萬重, 1637~1692)은 제갈량(諸葛亮, 184~234)을 아래와 같이 평했다. "적을 토벌하고 한나라 황실을 부흥하는 일을 보기를 마치 농부가 논밭을 갈거나 효자가 어버이를 봉양하듯 했으니, 그가 깊이 수양한 사실을 여기서 볼 수 있다. 진실로 성인과 그리 멀리 떨어지지 않았다."[3] 아는 대로 제갈량은 한나라의 재상이긴 해도 주로 전략전술가, 용병가로서 위명(偉名)을 떨쳤다. 서포가 '적을 토벌함(討賊)'을 앞세운 이유가 거기에 있겠지만, 특히 이를 논밭을 가는 농부나 부모를 봉양하는 효자에 비긴 일은 이 글의 논지와 관련해 볼 때 몹시 흥미롭다. 적을 죽이고 전쟁에서 승리하는 일은 일견해서 곡식을 부식(扶植)하고 부모를 부양하는 일과는 정 대척점에 있는 것처럼 보이기 때문이다. 이것은 앞서 말했듯이, 도(道)와 기(器)를 가르고, 덕(德)과 재(才)를 나누며, 성

3) "其視討賊復漢 如農夫之把犁 孝子之養親 所養之深厚 於此可見 誠恐去聖不遠." 김만중, 심경호 옮김, 《서포만필(상)》, 문학동네, 2010, 488쪽.

인과 달인을 소외시키는 일반론을 벗어난다. 그렇긴 해도 제갈량이 라는 희대의 인물은 이런 일반론적 프레임 속에서 평할 수 있는 솜씨의 소유자가 아니다. 서포가 비록 두루뭉술하게 표현하긴 했지만, 후대에 일려진 제갈량의 일생은 이런 이분법적 프레임을 너끈히 넘어서는 국량(局量)을 넘어선다. 제갈량은 그의 아내와 더불어 발명에도 일가견이 있었다고 알려져 있지만, 그의 재주(才)와 기량(器)은 도(道)와 덕(德)에서 멀지 않고, 그의 달인적 소양은 "성인과 그리 멀리 떨어지지 않았다."

순자누나

누나를 떠올리면 언제나 조개 굽는 냄새가 진동한다. 잉걸불이 번들거리던 아궁이였다. 나는 등에 업혀 있었고, 소녀는 조갯살을 발라든 손을 등 뒤로 뻗어 나를 먹이곤 했다. 누나는 우리 집 '식모' 중의 한 사람이었는데, 주로 어린 나를 떠맡아 돌보았다. 내가 서너 살이었을 때 열너댓 살쯤의 소녀였고, 내가 학령기를 맞아 부산으로 나왔을 때 역시 부산으로 이주해서 신발공장의 여공이 되었다고 했다. 지금도 순자 누나 얘기가 나올라치면 어머니의 얼굴은 유난히 밝아지곤 한다. "순자처럼 니를 좋아하던 사람은 세상에 다시없을 끼이다."

“세상에서 가장 나를 좋아했던 사람”의 환상은 이처럼 내게는 완벽하다. 그것은 조개 굽는 냄새나 저고리의 하양 정도로 희미할 뿐이고, ‘성장의 표식인 음란함’(W. 라이히)도 없었으며, 심지어 어머니의 증언조차 붙어 있지 않는가. 누구라도 어리석은 애증의 고락을 거치며, 더러 물색없이 사랑에 목말라 하기도 한다. 하지만 순자 누나를 말하는 어머니의 회고담을 듣고 있노라면, ‘그만하면 한 세상의 꿈으로서는 이미 충분’했을 것이다.

이창동

「초록물고기」(1997)는 단번에 한석규의 전부가 집약된 채 번쩍이던 '변증법적 지금(die Jetztzeit)'과 같았다. 나머지는 관록과 그 변주였다. 「박하사탕」(2000)은 대뜸 설경구의 미래를 가늠하게 했다. 「오아시스」(2002)는, 이창동을 다시 만나게 된 설경구에게는 최고의 작품이었다. 까까머리 '종두' 이상의 역할은 없었고, 다시없을 것이다. 이후로 그는 당연히 내리막이었다. 소크라테스를 떠난 알키비아데스처럼 그에게는 더 이상 이창동이 없었기 때문이다. 「밀양」(2007)은 전도연을 당대 최고의 배우로 빚어낸 작품이었다. 소설 인문학적 '이치'가 이처럼 영상적으로 옹골지게 표현된 경우는 드물었다. 이후의 전도연에게는 이제 '영화(밀양)의 추억'만이 남게 된다. 「詩」(2010)는 잊힌 노배우 윤정희를 만개(滿開)-만개(晚開)하게 만들었다. 이 영화는 영화인문학의 기적이었으며, 당시의 윤정희가 이미 칠순에 가까웠다는 사실이 한없는 행운이었다.

박태보 이야기

Wer hat je aus Vernunft or aus Willen geliebt? Nein, die Liebe erleidet man, aber je hingegebener man sie leidet, desto stärker macht sie uns. - Herman Hesse, 《Wer Lieben Kann, Ist Glücklich》, Frankfurt: Suhrkamp, 1986, p110

누가 이성과 의지로써 사랑했는가? 아니, 그저 사랑의 열정을 견뎌냈을 뿐이다. 그래도 희생적으로 사랑을 견뎌내면 낼수록 사랑은 우리를 강하게 만든다.

박태보(朴泰輔, 1654~1689)는 동뜬 재주를 품은 채 젊어 죽었다. 유저(遺著)가 없어 학인들도 기억하지 않고, 부친 박세당(朴世堂,

1629~1703)에 곁붙여 언급될 뿐이다. 오래전에 실없이 시조를 많이 왼 적이 있는데, 그렇게 그를 만났다. "흉중에 불이 나니 오장(五臟)이 다 타 간다 / 신농씨(神農氏) 꿈에 보아 불 끌 약 물어보니 / 충절과 강개(慷慨)로 난 불이니 끌 약 없다 하더라." 시가 혀에 감겨, 사정을 모르고도 그 이름을 담아두고 있었다. 그러다가 이태 전인가 《계원필담(錦溪筆談)》 속에서 그의 기상을 전하는 야사를 읽었다.

박태보는 벅찬 재능에다 생김이 훤칠해서 여럿의 선망을 입었다. 이웃집 지기인 이인엽(李仁燁, 1656~1710)의 하녀가 심부름을 다니면서 그를 본 뒤에 상사병이 사무쳤다. 신분이 칼끝 같은 시절이라, 연분이 붙을 턱이 없었다. 하지만 연모의 정(情)이 깊고 깊어, 박태보의 유모에게 그 사정을 알리는 현몽(現夢)이 들었다. 하녀의 행동거지를 늘 탐탁스레 보아온 유모는 이를 가긍히 여겨서, 어찌어찌 꾀를 부려 매사 일처리에 슬금슬금한 그 부친의 귀에 기별을 넣었다. 그날 밤으로 아들을 불러 연차(蓮茶)를 마시며 환담했는데, 제 자식임에도 그 학식과 기상이 청죽(青竹)을 방불했다. 이윽고 흠신(欠身)으로 물러가는 박태보에게, 부친은 은근히 "나무라면서 여자에게 원한을 사지 말라(責之使無結女寃)."고 하였다.

청을 넣고 다짐을 받으며, 하녀와 박태보는 신분차를 가로질러 단 하룻밤의 운우지정을 맺었다. 10여년 후 기사년(己巳年, 1689)의 환국으로 인현왕후(仁顯王后)가 폐위된 채 사저로 내쳐졌을 때, 특히 박태보의 상소문이 전후를 재지 않고 맹렬했다. 이에 진노한 숙종 임금이 친국에 나섰지만 그는 뜻을 꺾지 않았고, 결국 악형으로 몸이 망가진 채 천리 유배길에 오르게 되었다. 그러나 탈장에 무릎뼈가 깨지고 온몸에 오른 장독(杖毒)이 덧나 노량진을 넘지도 못한 채 사경을 맞았다. 강변의 주막에 누워 마음을 비우고 명부차사(冥府差使)를 기다리고 있던 차, 배행하던 종질(從姪)이, '사립 밖에 한 여인이 찾아와 잠시 배알하기를 지성으로 청한다.'고 기별했다. 박태보가 비몽사몽 중에 눈을 떠 보니, 눈물 가득한 얼굴의 젊은 여인이 문지방도 넘지 못한 채 절을 하는 게 지난날의 그 하녀다. 그날 밤으로 세상을 뜨니, 박태보의 젊은 나이 겨우 서른다섯이었다.

박태보가 죽은 뒤 5년, 갑술환국(1694)으로 폐비가 복위되면서 전날 죄받은 선비들도 더불어 사면되었다. 임금은 때늦게 기사년의 처사를 깊이 후회하며 박태보의 죽음을 애석히 여겼으나, 제왕이라도 흩어진 혼백을 돌려세울 수는 없는 법이라. 다만 영의정으로 추증하고, 노량진에 그의 사당과 정려문을 세우게 했다. 사당이 세워지고 그를 제향(祭享)한 그 다음 날, 사당 뒷켠의 느티나무에 목을 매고 죽은 여인이 있었다. 시신을 수습하니 그 품에는 '정재(定齋)'라는 낙관을 박은 연시(戀詩) 서찰이 하나 있었는데, "이 이야기를 듣는 자는 슬퍼 탄식하며 울지 않는 자가 없었다(聞之者莫不咨嗟泣下)."고 한다.

박태보 후기

하녀와 박태보의 이야기는 애잔하여도, 천재인들 가인인들 '한 점 나뭇가지에 맺힌 향기(一枝凝香)'(이백)에 지나지 않는 법이니, 덧없어야 인생이듯 짧아야 정분(情分)이 아닌가. 제 손에 든 것을 어찌할 수 없는 것, 그것이 다정이라는 이물(異物)이기 때문이다. 한 걸음 늦게 배운 이들은 가까스로 '타자(성)'를, 너의 불편함을 덜어줄 자리를, 속삭인다. 인용문의 헤세가 힘주어 말하는 헌신(Hingegebenheit)과 인내(Er-leidenschaft)의 윤리조차도 그런 안타까운 보수주의의 표현일 뿐이다.

미시마 유키오三島由紀夫의 길

僕の文学の欠点は、小説の構成が劇的すぎることだと思う。ドラマティックでありすぎる。　どうしても自分でやむをえない衝動なんですね。大きな川の流れのような小説は僕には書けないんです

- 三島由紀夫の肉声テープ

내 문학의 결점은 소설 구성이 지나치게 극적이라는 데 있다고 생각한다. 너무 드라마틱하다는 것이다. 어떻게 해도 스스로 그만둘 수 없는 충동이다. 거대한 강물의 흐름과 같은 소설은 나로서는 쓸 수 없다.

오늘(2017년 1월 12일) 보도에 따르면, 미시마 유키오(三島由紀夫)가 자살하기 9개월 전에 녹음해둔 미발표 육성 인터뷰가 발굴되었다. 그 속에서 그는 '내 문학의 결점'을 언질하고 있었다. 그러나 대단한 인간일수록 그가 스스로 '중요하다'고 지목하는 지점은 대개 '덜' 중요한 법이다. 이 경우에도 차라리 '지나치게 극적인 구성(劇的すぎる構成)'과 '큰 강의 흐름(大きな川の流れ)'을 마치 이데올로기인 듯 줄기차게 대비시키는 게 더 중요하다.

신 상병

색난(色難) - 《論語》

얼굴빛을 감추기는 어렵다. 하지만 그 빛에는 명백한 층차가 있다. 어떤 사람의 얼굴은 차마 포르노를 보는 듯하고, 어떤 사람의 모습은 금세 되살아난 하이에나나 여우 같다. 쥐나 병아리는 왜 없겠는가? 그런가 하면 "하얀 빛으로 망망한 대지(白茫茫一片的大地)"와도 같은 여유를 풍기는 사람도 없지 않다. 내가 군 생활 중에 만난 신백× 상병이 그랬다. 짐작(猜)은 곧 시샘(猜)이라는 것을 에둘러 일깨워 준 사람이었다. 그는 골초였고 스물 몇에 이미 병색이 짙었는데, 내게 시(詩)를 건네주곤 했다. 잔반(殘飯)을 처리하고 함께 쉴 수 있던 5분, 내 이름을 부르던 그의 눈은 이미 아득했다.

내가 좋아한 것들 1

나는 운명처럼 팥을 좋아하고, 찬으로서는 해초를 즐긴다. 순창이나 정읍(井邑) 같은 마을을 좋아하였으며, 달 밝은 자드락길의 찔레를 으뜸으로 좋아한다. 송창식을 좋아하였고 이창동의 영화를 모두 좋아한다. 질문이 좋은 젊은이를 좋아하고 마른 아름다움(萎美)을 체득한 늙은이를 좋아한다. 사양(斜陽)을 등에 지고 외국어 사전을 뒤적이길 좋아하고, 마음 없이, 노량노량 걷기를 좋아한다.

내가 좋아한 것들 2

나는 잰 며느리만 볼 수 있다던 삼일째 흰 달을 좋아하고, 돌아가신 외할머니가 혼자서 떼시던 붉은 화투장을 좋아한다. 젊은 청상(靑孀)이던 어머니의 풀 먹인 한복 저고리, 그 하아얀 동정을 좋아하고, 내 '쓸쓸한 옆모습'을 말하며 건네던 섬마을 어느 여고생의 굵은 연필 편지를 좋아한다. '때나 조건을 나타내는 부사절(副詞節)에서는 미래 대신에 현재를 쓴다!'고 외치던 중학교 영어선생님의 핏발 선 열정을 좋아하고, '키르케고르'를 발음할 때마다 침을 튀기던 화란 출신 노교수의 악센트를 좋아한다. 자신이 아직 누구인지를 모르는 젊은이의 해맑은 눈동자를 좋아하고, 이윽고 자신을 놓아버린 늙은이의 아득한 이마를 좋아한다.

노회찬, 당신만의 염치廉恥를 안고

언젠가 노회찬 씨의 화법(話法)을 나름대로 분석한 긴 글을 써 놓고는 만지작대다가 그만 대형 파일이 사라지는 중에 함께 잃어버리고 말았다. 인간의 비밀을 집중(Andächtigkeit)이나 말(Sprachlichkeit)에 얹어 놓기를 즐기는 나 같은 사람에게 '정치인'-노회찬의 말들은 정치의 새로운 실천과 그 현실적 가능성을 가늠하는 흥미로운 잣대였다. 그가 재바른 발화로써 스스로의 정치적 실존을 연성화, 인간화, 아이러니화시키는 '재구성'의 실천이 새삼 돋보인 것은 물론 그의 삶에 일관되게 드러난 노동해방과 민주화의 궤적 때문이다.

내가 '정의당'의 평당원으로 경남지부에 소속된 것은 거의 전적으로 노회찬 씨의 '말', 그리고 그 말을 둘러싼 실천 때문이라, 그의 부고에 망연자실, 잠시 할 말을 잃는다. 환갑을 넘겨 죽었으니 우주를 지나는 인간의 생명으로서 스스로 크게 아쉽지 않을 것이다. 그러나 그의 노동과 투쟁에 빚진 이들의 가슴속에 남겨진 감사의 염(念)은 어디에서 그의 영혼을 만나 이승과 저승의 인연을 다하랴.

마지막 재담과 미소 속에서, 당신만의 염치(廉恥)를 안고, 안녕히 가시라. 염치없는 인간들이 서로를 괴롭히며 오래오래 잘 살아가도록.

박근혜 씨들을 위하여, 혹은 '억울함'에 대한 단상

Etre homme, c'est précisément être responsable. C'est connaître la honte en face d'une misère qui ne semblait pas dépendre de soi.

- Saint-Exupéry, 《Terre des Hommes》

인간이 된다는 것은, 정확히 책임을 진다는 것이다. 자기 자신의 책임이 아닌 듯이 보이는 불행에 직면해서도 부끄러움을 느끼는 것이다.

단독자로서의 개인을 공정하게 평가하는 일은 쉽지 않다. 나 역시 영영 알 수 없는 타인을 가볍게 입술에 올린 죄를 자주 떠올린다. '단독자는 오직 신(神)과 교섭할 뿐'이라는 키르케고르 식의 종교적 급진주의가 아니라도, 사람이라는 존재의 깊이와 복합성은 타인의 비평에 저항하는 내밀한 알리바이를 쟁여두는 법이다. 《대동야승(大東野乘)》을 읽다 보니, 남재(南在, 1351~1419)는 "기휘(忌諱)에 저촉되는 말을 피하기 위해" 하루 종일 바둑을 두면서 입을 다물었다고 하지만, 이 시대의 학인으로서 세속과 사람에 대한 평을 딱히 피할 수도 없다. 항용 인물평(人物評)은 어렵고 또 동티가 생기는 지점이다. 조심, 조심해야 한다. 그래도 제갈공명처럼 빈 방에서 책을 읽고 만리 밖의 인물을 살피는 이들이 실제 있(었)다는 사실이 고맙고 흐뭇하다.

가까운 사람은 그 가까움에 취해 평가의 시선이 옥아들고, 애증의 망(網)에 물린 사람은 평가를 선호와 혼동하기 쉽다. 남다른 성취를 이루었거나 명망가들이라면 그 재능이나 인물의 풍경에 지펴 냉연한 실상을 얻기가 또한 매우 어려울 수밖에 없다. 하지만 비평은 워낙 어려운 일이고, 비평으로서의 인문학은 이 어려운 요동 속에서 중화(中和)에 이르는 길을 찾는 지난지사의 노력이다. 벽돌이나 핸드

폰이나 심지어 양계(養鷄)를 평가하는 것도 사람의 됨됨이를 이해하는 일에 감히 비할 수 없다. '좋아하되 그 나쁜 점을 알고 미워하되 그 좋은 점을 알라(愛而知其惡憎而知其善).'(소학)고 했지만, 좋아하고 미워하지 않아야 겨우 남을 제대로 바라보고 비평의 첫 마음을 일구어낼 수 있다.

비평자의 첫 마음은 비평을 받는 자의 첫 마음을 어렵사리 경유하고 초극함으로써 비로소 생성된다. 이것은 기묘한 결론이지만, 대개의 인물비평이 먹히지 않는 이유를 밝히는 협지(狹智)는 이렇게 생기지 않을까? 다 아는 대로, 비평을 받는 자의 첫 마음은 대체로 '억울함'이다. 사람들은 내남없이 집요하게도 억울해한다. '아이를 낳은 처녀'만 '할말(言い訳)'이 있는 게 아니며, 나라 전체를 뒤집어 탈탈 털어먹은 최순실 씨만 억울한 게 아니다. 지난 세월 내가 그 내면을 어느 정도 알게 된 사람치고 억울함이 없는 사람은 없었다. 제 각각 제 마음대로 억울했다. 그리고 그 억울함을 보상받기 위해 제 각각 제 마음대로 '생각'하고 움직였다. '바다는 메워도 사람의 욕심은 채울 수 없다.'고 했지만, 실로 억울하기에 그것이 사람의 '에고(ego)'

인 것이다. '억울하기에 사람', 이라면, 공부하는 일은 바로 이 억울함의 조건을 넘어서려는 지속적인 노력일 수밖에 없다. 인문학적, 수행적 실천이 필경 에고와의 투쟁이자 그 억울함의 해원(解冤)이라면, 비평자의 첫 마음은 무엇보다도 그 '억울함의 존재론'에 입각함으로써 생성된다.

'억울함의 존재론' 속으로 몸을 끄-을-고 들어가 보는 체험은 그 모든 비평자가 비평의 공정을 위해 반드시 통과해야 하는 선결요건이다. 그러나 이는 보살행처럼 어려운 일이니, 인물비평이 첫 단추부터 어긋나는 이유가 있다. 비평자가 우선 '억울함의 존재론' 속으로 들어가야 한다면, 비평의 대상이 된 사람의 도리는 우선 그 억울함의 정한(情恨)으로부터 빠져나오는 것이다. 마음을 비워 억울함을 초과하는 도량을 얻는 일은, '억울하므로 존재하'는 인간으로서 감히 넘보기 어려울 것이다. 그러나 공부하고 수행하는 이라면 여기에 영혼과 구원의 비밀이 있다고 여겨, 호랑이의 꼬리를 잡아채는 심경으로 혼신의 노력을 쏟을만하다. 꼬리를 잡아채는 순간 잡아먹힐 수도 있지만, 꼬리조차 잡아보지 않고선 자신의 진실을 알 수 없기 때문이다. 요컨대 '나는 억울해!'라는 항의는 괴물인 것이다.

박근혜 씨도 억울해하고 있을까? 이는 두말할 필요조차 없어 보인다. 앞서 말한 일반론을 좇아도 그러하고, 그의 독특한 성장 환경, 대인관계적 태도, 그리고 추정가능한 심리적 특성에 비추어보아도 그렇다. 역설적이게도, 내 판단에, 마치 그의 생활 여건과 경력이 유례를 찾기 어려운 것처럼 그의 억울함도 실로 '한량없을' 것이다. 나 역시 그의 억울함에 깊이 스며들어 공감할 능력은 부족하지만, 그의 억울함이 제법 별스러울 것이라는 점은 능히 짐작할 수 있다. 복거일 씨는 언젠가 '사회적 악한을 변호하는 일'의 의의와 그 어려움을 토로한 적이 있다. 나는 국민의 다수가 손가락질을 하는 박근혜 씨를 변호할 요량이나 의욕은 없어도, 억울함에 대한 그 자신의 정서와 소회에는 그리 힘들지 않고 접근할 수 있을 듯하다. (왜냐면) 사람은 내남없이 언제나 어디서나, 악착같이 '억울해하는 존재'이기 때문이다. 남의 밥에 든 콩이 더 커 보이고 사촌이 논을 사면 배가 아픈 것은 인간이라는 반자연적 자연의 생리이며, 이 생리는 억울함의 정서를 통해 공감의 주술을 부리고 자아의 잔여를 퇴행적으로 배설

한다. 비록 어떤 억울함은 괴물스럽다고 해도 타인의 억울함을 쉽게 다룰 수는 없는 법이다.

억울함은 오직, 그리고 필경 자기의 몫이며 자신의 책임이어야 한다. 물론 어울려 살아가는 곳이라면 수리(修理)와 보상, 배상과 해원(解寃), 심지어 징벌적 처벌의 장치까지 갖추어 합리적으로 대처하는 게 마땅하다. 하지만 억울함의 실존적 차원이 밝혀진 이상 이러한 장치와 제도만으로는 턱없이 부족하다. 자신의 억울함에 대한 투쟁이 필경 자신(ego)과의 투쟁이라는 사실을 깨단하지 못하는 한, 그 억울함은 한량이 없고 그 투쟁은 점점 요사(妖邪)스러워져 간다. 요컨대 '억울함'에 대처하는 방식에 따라서는 괴물이 되기도 하고 현성(賢聖)이 탄생하기도 한다는 사실을 잊지 않아야 한다. '그래도, 괴물은 되지 말자!'고 외치지만, 괴물의 문이 열린 자리를 알아채기는 쉽지 않다. 사회적 약자의 억울함에 공감하고 넉넉한 태도로 돕는 일은 이웃됨의 당연한 도리다. 그러나 겹눈을 뜨고 억울함이 감춘 괴물의 씨앗에 주목하는 이는 드물다. 억울함은 정서적으로 되먹임되는 경향이 잦고, 기왕에 이기적인 인간을 더욱 이기적으로 몰아가며,

타자성의 경계를 깡그리 무시하게 한다. 억울함의 붉은 그늘은 강자와 약자를 가리지 않는다. 강자의 억울함은 당장 위험해지지만, 약자의 억울함도 곧 위험해진다.

잘못을 저질러 비난받으면서도 여전히 억울해하는 자의 의무는 바로 이 위험으로부터 자기 자신과 이웃을 보호하는 일이다. 그것은 에고의 집요하고 요망한 자기변명의 체계를 깨트리고 책임의 윤리를 '획득'하는 일이다. 부끄러움이나 윤리성은 외부의 지탄과 강요에 의해 수동적으로 내몰리는 지점에서 멈춰서는 안 된다. 도덕은 주어지는 것이지만 윤리는 어렵사리 '획득'하는 것이기 때문이다. 억울함의 주초(柱礎)와 들보에 의해 건설된 변명의 체계를 깨거나 버리고 떠나는 일은 거저 주어지는 게 아니기 때문이다. 후미진 구석에 숨어 번식하는 곰팡이와 세균 같은 억울함을 두 눈 부릅뜨고 닦아내지 않고서는 그 어떤 윤리든 자기변명과 변덕의 체계에 의해 잠식되기 때문이다. 윤리가 마지막으로 향하는 타깃은 외부의 적(敵)이 아니다. 그것은 자기보존의 정서적 기동성을 옹위하듯 에워싸고 있는 억울함, 혹은 자기연민이다. 억울함은 그 속성상 부풀어 오른다. 그러므로 이런 정서에 원칙과 방향을 제시해서 일관되게 처리하지 못하면 비윤리적 자기함몰은 필연적이다. 에고와의 싸움이란 필경 정서와의 싸움이며, 그 정서를 넘어서 사고하고 그 사고에 터한 행위를 선택하는 일이다. 무릇 공부하는 일과 조금 낫게 살려는 노력은 자신의 기분과 허영을 넘어서서 사고하고 행위하는 일이기 때문이다.

박근혜 씨(들)에게 남은 유일한 희망은 자력(自力)의 불가능성과 자의(恣意)의 초라함을 깨닫고 빈 마음을 얻어 '참회'의 가능성을 되찾는 일이다. 참회라는 다분히 시대착오적 말에 지레 겁을 먹을 필요는 없다. '내가 죄인입니다~!'는, 그런 따위의, 내몰림의 끝에서 하릴없이 묵수하는 최후의 자기변명을 가리키는 게 아니기 때문이다. 인간으로 태어난 그 이름이 누추해지는 것은 당연한 일이니, 외려 억울함이라는 괴물의 탄생을, 그 위기를, 오히려 호기로 여기고 그 존재의 방향을 뒤집는 데 신명을 바쳐볼만하지 않겠는가. 말할 것도 없이, 참회의 반대말은 억울함이다. 그리고 만약 전술한 대로 '억울함으로 인간'이라면, 참회는 다만 종교적 의례가 아니라 인간이 인간됨의 숙명을 뒤집어 새롭게 거듭날 수 있는 존재론적 선택일 것이다. 그러므로 내가 뜻하는 참회란 '성취'이며, 그것도 인간으로서 희망할 수 있는 가장 위대한 성취다. 그 성취는 나와바리를 넓힌 게 아니며, 재산을 불린 게 아니고, 세상의 학식을 두터히 한 게 아니며, 자신의 인기나 지명도를 높인 게 아니다. 이윽고 이기적인 선택들을 다 빼앗긴 채 궁지로 쫓겨 그나마 조금이라도 나은 신세를 꾀하고자 혀를 조작하는 고백이 아니다. 그것은 세속의 허영과 억울함이 감히 넘보지 못한 지경을 얻어 자유로워진 존재의 변화를 말하기 때문이다. 그래서 참회란 삶과 죽음을 한 줄로 묶어 보는 자리에서 얻을 수 있는 진정한 성취다.

인간이 되는 것의 가장 중요한 몫은 바로 책임이 있다는 것("Etre homme, c'est précisément être responsable.")에 다름 아니다. 배운다는 것이 대체로 힘겹게 사적 정서를 넘어 사고하고 실천하는 일이라면, 책임을 지는 일, 그리고 결국 인간이 되는 일은 배우는 일과 본질적으로 얽혀 있을 수밖에 없다. 책임은 자기연민이나 억울함과 싸우는 과정을 통해 어렵사리 드러난다. 그러므로 인간됨과 억울함의 관계는 (마치 르네 지라르의 '모방'이 그런 것처럼) 중층적이다. 남을 모방하거나 매사 억울해 하는 게 인간의 과거이긴 했지만, 그런 식의 경상적(鏡像的) 반응이나 원망(怨望)을 넘어서고자 하는 것도 또한 인간의 미래이기 때문이다. 억울함의 거울을 깨고 원망의 늪을 헤쳐 나오는 일은 대개의 공부와 수행이 수렴되는 샛길인 '초월성'에 다가선다. 그리고 (잘 알려지진 않았지만 더욱 중요한 사실은) 이 샛길이 인간의 삶과 죽음을 동시에 건드린다는 것이다.

노무현, 혹은 도덕적 위기의 주체성

도덕적 위기에 처한 사람은 자기(주체)가 자기(에고)에 예리하게 맞서는 지경에 내몰린다. 여기에서 에고의 가장 흔한 형식인 자기애가 허물어질 때 혹자는 매우 자연스럽게도 마비(痲痹/不仁)라는 보호기제를 발동시킨다. 인(仁)하지 못한 사람은 곧 정신의 마비를 보이는 셈이다. 만약 마비로써 자기 자신의 눈을 가리지 못할 경우에는 그 위기의 원인을 현실 속의 무엇으로 치환하기도 한다. 물론 그 중의 일부는 '네 탓'이라는 논리로 스며 나온다. 이 논의에서 쉬 패닉에 빠지는 충동적 개인의 사례들은 논외로 친다. 마찬가지로 도덕적 위기에도 자동인형적 충실성을 한 치도 누그러뜨리지 않는 악마적 개인들도 논외다.

노무현이라는 아웃사이더의 희망은 그가 대권을 욕망했다는 사실과 근원적으로 상충한다. 아웃사이더의 급진성인 '희망'은 다만 아직은 권력에 근접하지 못한 저항과 '동원의 국면'에서만 빛나기 때문이다. 이 국면을 넘어 아웃사이더가 마침내 용(龍)의 자리를 차지했을 때부터 역설이 시작된다. 아웃사이더가 대의명분을 걸고 용을 응시할 때와는 달리, 이제는 그 용의 과거였던 아웃사이더를 응시해야한 하는 자가당착에 내몰리기 때문이다. 그러므로 '개천에서 용 났다.'는 말은 중의적이다. 개천에 서서 용을 바라볼 수도 있지만, 때로는 용의 자리에서 개천을 되돌아보아야 하기 때문이다. 개천의 주변에 거주하는 이들은 용을 선망하고 그 용과 동일시하지만, 부와 권력을 대물림해왔던 이들은 '미꾸라지 먹고 용트림한다.'며 무시하고 비아냥댈 것이기 때문이다.

노무현이 공공연히 '도덕적으로 청렴하면서도 정치적으로 성공

할 수 있다.'고 호언할 때, 그는 이미 체제의 경계에서 길을 잃고 있었을 것이다. (그리고 이 미로는 그 '부엉이바위 길'까지, 이른바 그의 '운명'을 통해서 가까스로 이어져 있었을 것이다.) 그의 이러한 발설을 가능케 했던 외부성은 반체제적 동원성에 기대고 있지만, 이는 다시 체제의 함락과 재전유를 지향하고 있기 때문이다. 열사적 풍모의 노무현과 정치인 노무현의 내면적 버성김은 이처럼 그 이력이 짧지 않다. 불의한 체제와 싸우는 개인은 대체로 그 체제의 경계에서, 혹은 오래된 분노와 새로운 욕망의 사이에서 오락가락하곤 한다. 애초의 열정을 유지한 채 이 망설임으로부터 구원받을 수 있는 유일한 길은 (예수나 소크라테스나 이순신 등에게서 가장 극적으로 현시된) '비극적 합일' 뿐이지만, 이것 역시 아무에게나 허여되는 사건이 아니다.

노무현은 분명 흥미로운 개인이었다. 그러나 이런 개인들이 드문 것은 아니다. 외려 그의 매력은 이런 사적 흥미로움을 잃지 않은 채 권력의 정점에 접근했다는 데 있다. 개인의 매력이 권력의 자리에서도 여전히 살아있을 때 그 매력은 평가절상 되거나 심지어 가을날의 노을처럼 분광한다. 권력을 선망하는 대중의 속물주의는 영원하기 때문이다. 총통 히틀러의 가장 큰 매력은 '총통'이라는 사실이며, 세종대왕의 가장 큰 매력은 그가 '왕'이었다는 사실이고, 퇴임 후의 노무현이 누린 인기의 비결은 그가 '대통령'이었다는 사실이다. 히틀러가 구청장이었다거나 세종이 군수였다거나 노무현이 이장에 불과했다면 그들의 능력과 매력은 쉽게 사장되고 말았을 것이다. 마찬가지로 히틀러의 재앙이나 세종의 한글이나 노무현의 상징도 없었을 것이다. 권력자의 자리에 올라 지도자의 역할을 하면서도 개인이 지닌 흥미로운 매력을 계속 유지하는 사람은, 마치 혁명을 일상에 결합시키거나 무지개를 거실에 끌어들이는 것과 같은 후광을 발하게 된다.

가난을 배경으로 삼은 상고(商高) 출신의 비주류 정치인 노무현의 비타협적 도덕주의는 주류 정치계와 싸우면서 그의 자존심을 고도로 응결시킨 부분 속에 그 명암이 있다. 그는 자신의 자존심에 걸맞은 삶을 꾸리고자 애쓰면서 대중의 환호를 받았지만, 바로 그 자존심에 걸려 넘어지는 일도 잦았다. 공론장에서조차 불쑥 불쑥 솟아오르는 그의 성마른 자존심이나 거꾸로 '바보'라는 애칭 속에 결절된 그의 우직한 주체는 갖은 기득권에 대항하며 대중을 호명할 수 있었던 거의 유일한 자산이자 그 도덕성의 표현이었던 것이다. 당연히 그는 자신의 기질이나 도덕적 환상을 적절하게 거세해서 현실 욕망의 구조 속에 편히 안배할 수 없었던 인물이다. 기질(에고)과 환상(주체) 사이에서, 윤리와 도덕 사이에서, 혹은 열사와 정치인 사이에서 요개(搖改)하며 걸어간 것이 바로 그의 정치적 존재방식이었기 때문이다. 만약 그가 에고 속을 범람하는 도덕적 불안을 사이비 주체화의 전략으로 봉쇄할 수 있었다면 그는 아직 우리 곁에 살아 있을 것이다. 그러나 단 한 차례도 충분히 정치적 주체가 될 수 없었던 노무현은 환상과 동일시된 윤리의 심문에 거리 없이 직면하면서 가책의 알속까지 체화했다. 그리고 마치 그것이 자신의 마지막 향락인 듯 돌이킬 수 없는 낭떠러지를 향해 몸을 던졌다.

한 사람의 장점이 대중의 환호를 통해 각광을 받게 되면 그렇게 얻은 덤이 그의 약점을 통해 비용을 요구한다. '공짜는 없다'는 속담의 뜻은 사뭇 존재론적이다. 도덕적 염결주의나 기능적 완벽주의가 대표적인 경우다. 염결(廉潔)이나 완벽을 통해 얻은 평가와 권위는 때로 덫이 되기도 하고 부메랑처럼 되돌아오기도 하기 때문이다. 그 염결과 완벽이 위기지학(爲己之學)의 형식으로 내면화된 것이 아니라 특히 대중의 호감과 인정 위에서 외면화되어 있을 때 그 비용은 비합리적이거나 때로 치명적일 수 있다. 음양(陰陽)의 묘리처럼 삶의 자리에서도 영원한 것은 없다. 어느 옛 현자의 말처럼 '천지는 변화이고 인생은 의견'에 불과하기 때문이다. 그러므로 인생의 요령은 겸허함일 수밖에 없다. 밝을 때에는 과시하지 말아야 하고 어두울 때에는 억울해하지 말아야 한다.

노무현의 장점이 정적들 사이에서는 오히려 그의 단점으로 지목되었고, 그를 사랑하는 이들은 그의 단점 탓에 더욱 그를 아꼈다. 하지만 "대통령이 됐다고 해도 당신에게 품격이 생기는 것은 아니야(Not even being a president could give you any class)."(「House of Cards」, 미국드라마, 2013)라고 하듯이, 그의 정적과 보수적인 기득권은 그를 인간적으로 '무시'했고, 오롯한 자존심만으로 세상의 억압과 편견에 맞서왔던 그는 그 무시하는 시선 속에서 막다른 선택을 할 수밖에 없었다. 노무현에게서 놀라운 점은, 대통령까지 지낸 권력

의지가 마치 그 정치적 주체의 전략을 송두리째 내팽개치듯이 도덕적 위기 앞에 한 순간 빈 자아로 돌아가 돌연 그 '무능함의 급진성'을 담담하게 증거 해버린 데 있다. 아우렐리우스 황제의 지론과는 조금 다른 의미에서 그는 결코 대통령의 페르소나에 적응할 수 없었던 인물인지도 모른다. 그는 이 근원적 불화와 어긋남 속에서 마침내 그 최고의 가면조차 절벽 아래로 벗어던지고, 고향마을 속의 '개구리잡고 가재 잡던' 자유로운 영혼으로 되돌아가고 만 것이다.

인명색인

ㄱ

ㄴ

ㄷ

ㄹ

ㅁ

ㅅ

ㅇ

ㅈ

ㅊ

ㅋ

ㅌ

ㅍ

ㅎ